LE PURGATOIRE

Du même Auteur :

L'Enfer du Dante, traduit en vers, ouvrage couronné
par l'Académie française . . . . 2 vol.
Impressions littéraires . . . . 1 vol.

LE
PURGATOIRE
DU
DANTE
TRADUIT EN VERS
PAR
LOUIS RATISBONNE

Vagliami 'l lungo studio e 'l grande amore
Che m' han fatto cercar lo tuo volume.

TOME DEUXIÈME

PARIS
MICHEL LÉVY FRÈRES, LIBRAIRES-ÉDITEURS
RUE VIVIENNE, 2 BIS

1856

TYPOGRAPHIE DE G. SILBERMANN, A STRASBOURG.

ARGUMENT DU CHANT XVIII.

Virgile continue ses explications sur l'amour et montre à Dante la responsabilité de l'homme dérivant de sa liberté. Rencontre des âmes qui courent dans le cercle, rachetant par une ferveur et un zèle extrême leur tiédeur et leur indolence passées. Deux d'entre elles courent en avant de la bande et l'exhortent en lui rappelant de grands exemples de zèle ; deux autres ferment la marche et aiguillonnent les traînards en leur montrant par des exemples les tristes fruits de la paresse dans le bien. Dante s'abandonne à la rêverie et finit par s'endormir

DEL PURGATORIO.

CANTO DECIMOOTTAVO.

Posto avea fine al suo ragionamento
L' alto Dottore, e attento guardava
Nella mia vista, s' io parea contento:

Ed io, cui nuova sete ancor frugava,
Di fuor taceva, e dentro dicea: Forse
Lo troppo dimandar, ch' io fo, gli grava.

Ma quel Padre verace, che s' accorse
Del timido voler, che non s' apriva,
Parlando di parlare ardir mi porse.

Ond' io: Maestro, il mio veder s' avviva
Sì nel tuo lume, ch' io discerno chiaro
Quanto la tua ragion porti, o descriva.

LE PURGATOIRE.

CHANT DIX-HUITIÈME.

Il avait achevé son discours, le grand sage,
Et d'un œil attentif observait mon visage,
Comme pour y juger de mes impressions :

Et moi qu'aiguillonnait derechef soif extrême,
Je demeurais muet, me disant en moi-même :
Ne le fatiguons pas d'interrogations.

Mais il s'aperçut bien, ce père vraiment tendre,
Du désir que ma voix n'osait lui faire entendre,
Et, parlant le premier, m'enhardit à parler.

« O maître, à tes clartés, dis-je, mon œil s'éveille,
Et je sens que déjà je pénètre à merveille
Tout ce que ta raison veut bien me révéler.

Però ti prego, dolce Padre caro,
Che mi dimostri amore, a cui riduci
Ogni buono operare, e 'l suo contraro.

Drizza, disse, ver me l' acute luci
Dello 'ntelletto, e fieti manifesto
L' error de' ciechi, che si fanno duci.

L' animo, ch' è creato ad amar presto,
Ad ogni cosa è mobile, che piace,
Tosto che dal piacere in atto è desto.

Vostra apprensiva da esser verace
Tragge intenzione, e dentro a voi la spiega,
Sì che l' animo ad essa volger face.

E se rivolto in ver di lei si piega,
Quel piegare è amor, quello è natura,
Che per piacer di nuovo in voi si lega.

Poi come 'l fuoco muovesi in altura,
Per la sua forma, ch' è nata a salire,
Là dove più in sua materia dura:

Così l' animo preso entra in disire
Ch' è moto spiritale, e mai non posa,
Fin che la cosa amata il fa gioire.

C'est pourquoi je t'en prie, ô mon cher, mon doux père,
Définis-moi l'amour, cette source première
Du bien comme du mal dont nous sommes auteurs ! »

— « Élève et tiens fixé sur moi, me dit le maître,
L'œil perçant de l'esprit : je te ferai connaître
L'aveuglement de ceux qui se font vos pasteurs.

Votre âme pour l'amour créée et destinée
Est par tout ce qui plaît promptement entraînée
Sitôt qu'elle s'éveille à l'attrait du plaisir.

De la réalité, votre imaginative
Trace en vous un dessin plus grand qui vous captive.
L'âme tout aussitôt s'en laisse divertir.

Penche-t-elle à l'objet, dans une extase extrême ?
Ce penchant, c'est l'amour, c'est la nature même
Qui vous offre l'attrait du plaisir pour aimant.

Puis, ainsi que le feu qui vers le ciel aspire
Et qui monte en vertu de sa forme qu'attire
Le foyer où le mieux dure son élément (1),

L'âme éprise entre alors en désir de son rêve,
Essor spirituel qui n'a repos ni trêve,
Jusqu'à la possession de l'objet désiré.

Or ti puote apparer, quand' è nascosa
La veritade alla gente, ch' avvera
Ciascuno amore in se laudabil cosa:

Perocchè forse appar la sua matera
Sempr' esser buona: ma non ciascun segno
È buono, ancor che buona sia la cera.

Le tue parole, e 'l mio seguace ingegno,
Risposi lui, m' hanno amor discoverto:
Ma ciò m' ha fatto di dubbiar più pregno.

Chè s' amore è di fuore a noi offerto,
E l' anima non va con altro piede,
Se dritto, o torto va, non è suo merto.

Ed egli a me: Quanto ragion qui vede,
Dir ti poss' io: da indi in là t'aspetta
Pure a Beatrice; ch' è opra di fede.

Ogni forma sustanzïal, che setta
È da materia, ed è con lei unita,
Specifica virtude ha in se colletta,

La qual senza operar non è sentita,
Nè si dimostra ma che per effetto,
Come per verdi fronde in pianta vita:

Or, déjà tu peux voir combien est illusoire
L'opinion de ceux qui voudraient faire croire
Que tout amour mérite en soi d'être honoré,

Pour ce que son essence est bonne par nature.
Car le cachet n'est pas toujours bon d'aventure,
Lors même que la cire est de toute bonté. »

— « Tes explications que l'esprit aime à suivre,
Dis-je, m'ont dévoilé l'amour qui nous enivre,
Mais de doutes nouveaux je me sens agité.

Si l'amour s'offre à nous du dehors, et si l'âme
N'a pas d'autre mobile, où que tende sa flamme,
On ne peut l'accuser, puisqu'elle suit sa loi. »

— « Tout ce que sur ce point la raison manifeste,
Je puis te l'expliquer, me dit-il ; pour le reste,
N'attends que Béatrix, car c'est œuvre de foi.

Toute forme, j'entends forme substantielle,
Distincte de matière et liée avec elle,
Contient une vertu spécifique en son sein

Que l'on ne peut sentir, hormis quand elle opère.
On la juge à l'effet, comme un arbre prospère
Fait juger de sa sève à son feuillage sain.

Però, là onde vegna lo 'ntelletto
Delle prime notizie, uomo non sape,
E de' primi appetibili l' affetto,

Che sono in voi, sì come studio in ape
Di far lo mele: e questa prima voglia
Merto di lode, o di biasmo non cape.

Or perchè a questa ogni altra si raccoglia,
Innata v' è la virtù, che consiglia,
E dell' assenso de' tener la soglia.

Quest' è 'l principio, là onde si piglia
Cagion di meritare in voi, secondo
Che buoni e rei amori accoglie e viglia.

Color, che ragionando andaro al fondo,
S' accorser d' esta innata libertate:
Però moralità lasciaro al mondo.

Onde pogniam, che di necessitate
Surga ogni amor, che dentro a voi s' accende,
Di ritenerlo è in voi la potestate.

La nobile virtù Beatrice intende,
Per lo libero arbitrio, e però guarda,
Che l' abbi a mente, s' a parlar ten' prende.

CHANT XVIII.

Des principes premiers d'où vient la connaissance?
L'homme ne le sait pas, ni comment prend naissance
Ce penchant si puissant des premiers appétits.

Comme l'instinct du miel qui naît avec l'abeille,
Ils sont innés en vous : mais chaque instinct sommeille,
Indigne de louange, indigne de mépris.

Or, comme tout dépend de la pente première,
Innée est en vos cœurs la raison conseillère
Qui du consentement semble garder le seuil.

C'est cette faculté qui vous fait responsables
Et qui de mériter peut vous rendre capables,
Triant l'amour mauvais, au bon faisant accueil.

Les sages, dont l'esprit a sondé ces problèmes,
Ont bien vu ce choix libre au dedans de vous-mêmes,
Et pour ce la morale au monde ils ont donné.

Donc, quand il serait vrai que l'amour, vive flamme,
Prendrait fatalement naissance dans votre âme,
Il peut être par vous librement refréné.

Sublime faculté que Béatrice appelle
Libre arbitre! Prends soin d'y songer auprès d'elle,
Si plus tard elle vient à t'en entretenir. »

La Luna quasi a mezza notte tarda
Facea le stelle a noi parer più rade,
Fatta com' un secchion, che tutto arda.

E correa contra 'l Ciel, per quelle strade,
Che 'l Sole infiamma allor, che quel da Roma
Tra' Sardi e Corsi il vede quando cade:

E quell' Ombra gentil, per cui si noma
Pietola più che villa Mantovana,
Del mio carcar diposto avea la soma:

Perch' io, che la ragione aperta e piana
Sovra le mie questioni avea ricolta,
Stava com' uom, che sonnolento vana.

Ma questa sonnolenza mi fu tolta
Subitamente da gente, che dopo
Le nostre spalle a noi era già volta.

E quale Ismeno già vide ed Asopo,
Lungo di sè di notte furia e calca,
Pur che i Teban di Bacco avessero uopo;

Tale, per quel giron suo passo falca,
Per quel ch' io vidi di color venendo,
Cui buon volere, e giusto amor cavalca.

CHANT XVIII.

Comme un bassin de feu dans l'atmosphère brune
Apparaissait tardive en pleine nuit la lune,
Faisant à l'horizon tous les astres pâlir (2).

Elle allait dans le ciel, éclairant la campagne
Qu'embrase le soleil, lorsque, de la Romagne,
Entre Corse et Sardaigne, on le voit se couchant.

Et le gentil esprit, à qui l'humble bourg d'Ande (3)
Doit un nom plus fameux que Mantoua la grande,
M'avait débarrassé de mon doute pesant.

A ces amples raisons que donnait le poëte,
Les nuages obscurs s'effaçaient de ma tête,
Et comme un songe-creux je restais à rêver.

Je fus soudain tiré de cette somnolence
Par des gens qui vers nous venaient en diligence
Et que sur nos talons je voyais arriver.

Comme à leurs bords jadis et l'Asope et l'Ismène
Voyaient courir, la nuit, des bandes hors d'haleine (4),
Quand des dons de Bacchus Thèbes avait besoin ;

Dans ce cercle nouveau couraient de même sorte
Tous ceux qu'un bon vouloir, qu'un juste amour emporte,
A juger du galop qui m'eut là pour témoin.

Tosto fur sovra noi: perchè correndo
Si movea tutta quella turba magna:
E duo dinanzi gridavan piangendo:

Maria corse con fretta alla montagna:
E Cesare per suggiogare Ilerda,
Punse Marsilia, e poi corse in Ispagna.

Ratto ratto, chè 'l tempo non si perda
Per poco amor, gridavan gli altri appresso,
Chè studio di ben far grazia rinverda.

O gente, in cui fervore acuto adesso
Ricompie forse negligenza e 'ndugio
Da voi per tiepidezza in ben far messo:

Questi, che vive (e certo io non vi bugio),
Vuole andar su, purchè 'l Sol ne riluca:
Però ne dite, ond' è presso 'l pertugio:

Parole furon queste del mio Duca:
E un di quegli spirti disse: Vieni
Diretr' a noi, che troverai la buca.

Noi siam di voglia a muoverci sì pieni,
Che ristar non potem: però perdona,
Se villania nostra giustizia tieni.

Tous se précipitant, la troupe tout entière
Nous eut en un clin d'œil atteints dans la carrière ;
Deux esprits précédaient et criaient en pleurant :

« Marie en grande hâte alla vers la montagne (5).
César pour prendre Ilerde accourait en Espagne
Et renversait les murs de Marseille en courant. »

— « Ne perdons pas de temps, et vite, et vite, et vite !
De l'ardeur ! s'écriaient les autres à la suite,
La grâce refleurit par le zèle du bien. »

— « O vous chez qui sans doute une ferveur ardente
Rachète les lenteurs, la tiédeur indolente,
Que vous mîtes jadis au bien que Dieu prescrit !

Cet homme, homme vivant sur ma foi ! veut encore
Demain monter plus haut, au retour de l'aurore.
C'est pourquoi montrez-nous le plus prochain pertuis ! »

En ces mots aux esprits avait parlé mon guide.
A quoi l'un des coureurs de la bande rapide :
« Marche derrière nous et tu trouveras l'huis.

Le désir d'avancer si fort nous aiguillonne
Que nous ne pouvons pas nous arrêter : Pardonne :
Un zèle pénitent, est-ce inurbanité ?

I' fui abate in San Zeno a Verona,
Sotto lo 'mperio del buon Barbarossa,
Di cui dolente ancor Melan ragiona:

E tale ha già l' un piè dentro la fossa,
Che tosto piangerà quel monistero,
E tristo fia d' avervi avuta possa;

Perchè suo figlio mal del corpo intero,
E della mente peggio, e che mal nacque,
Ha posto in luogo di suo pastor vero.

Io non so, se più disse, o s' ei si tacque,
Tant' era già di là da noi trascorso:
Ma questo 'ntesi, e ritener mi piacque.

E quei, che m' era ad ogni uopo soccorso,
Disse: Volgiti in qua: vedine due
All' accidia venir dando di morso.

Diretro a tutti dicean: Prima fue
Morta la gente, a cui 'l mar s' aperse,
Che vedesse Giordan le rede sue.

E quella, che l' affanno non sofferse
Fino alla fine col figliuol d' Anchise,
Sè stessa a vita senza gloria offerse.

Je fus de San-Zénon et dans Vérone abbate,
Sous l'empire du bon Barberousse : une date
Dont Milan s'entretient encor tout attristé (6).

Et tel qui déjà touche à la tombe, sous terre
Dans peu de temps pourra pleurer ce monastère,
Ainsi que le pouvoir dont il fut détenteur,

Pour l'avoir, au mépris du pasteur légitime,
Fait passer à son fils, un bâtard, fruit du crime,
Difforme, affreux de corps et plus hideux de cœur (7). »

Je ne sais s'il en dit encore davantage :
Il était loin de nous déjà ; mais au passage,
Ce que j'avais ouï, je le notai joyeux.

Mon protecteur alors, infatigable garde,
Me dit : « De ce côté tourne les yeux, regarde
Ce couple qui vient là mordre les paresseux ! »

Derrière les traînards deux s'écriaient : « Courage !
Avant que du Jourdain ils aient vu l'héritage,
Beaucoup pour qui la mer (8) s'ouvrit n'existaient plus.

Et ceux qui jusqu'au bout, brisés de lassitude,
N'ont pu suivre le fils d'Anchise au chemin rude,
Se sont de leur plein gré d'heur et de gloire exclus ! »

Poi quando fur da noi tanto divise
Quell' ombre, che veder più non potersi,
Nuovo pensier dentra da me si mise,

Del qual più altri nacquero e diversi:
E tanto d' uno in altro vaneggiai,
Che gli occhi per vaghezza ricopersi,

E 'l pensamento in sogno trasmutai.

CHANT XVIII.

Quand j'eus vu les esprits loin de nous disparaître,
Si loin qu'on ne pouvait déjà les reconnaître,
Une étrange pensée en mon esprit germa.

Cette pensée en fit plusieurs autres éclore
Qui m'en firent surgir de nouvelles encore.
Songeant ainsi, mon œil par degrés se ferma,

Et ma pensée en rêve alors se transforma.

NOTES DU CHANT XVIII.

(1) Au ciel de la lune, suivant l'opinion alors admise, que le feu y a sa sphère et s'y conserve mieux par conséquent. Les anciens ignoraient la pesanteur de l'air et supposaient que le feu par sa nature est poussé à monter.

(2) Quand Dante a commencé son voyage, la lune était dans son plein. Se levant alors tous les soirs après le coucher du soleil et chaque soir plus tard de près d'une heure, elle devait, le cinquième jour, se lever presque au milieu de la nuit.

(3) Dans le texte *Pietola*, anciennement appelé Andes, petit bourg près de Mantoue, où naquit Virgile.

(4) Les Thébains, pour se rendre Bacchus propice, couraient le long de ces deux fleuves avec des flambeaux allumés, en invoquant le dieu.

(5) Allusion à la visite de la Vierge à sainte Élisabeth.

(6) *Bon*, épithète ironique, car Barberousse fit raser Milan en 1162.

(7) Albert della Scala, seigneur de Vérone, investit d'autorité un de ses bâtards de l'abbaye de San-Zénon.

(8) La mer Rouge.

ARGUMENT DU CHANT XIX.

Vision du Dante. Il voit en songe deux femmes : l'une, sirène trompeuse, représente les faux biens de la terre, dont l'amour se pleure dans les trois cercles supérieurs du Purgatoire où Dante va entrer ; l'autre personnifie les vrais biens : la vérité et la vertu. Introduction des voyageurs dans le cinquième cercle, où les avares gisent prosternés contre terre, expiant leur péché dans la poussière et les larmes. Rencontre du pape Adrien V.

CANTO DECIMONONO.

Nell' ora, che non può 'l calor diurno
Intiepidar più 'l freddo della Luna,
Vinto da terra, o talor da Saturno:

Quando i Geomanti lor Maggior Fortuna
Veggiono in oriente, innanzi all' alba,
Surger per via, che poco le sta bruna;

Mi venne in sogno una femmina balba,
Negli occhi guercia, e sovra i piè distorta,
Con le man monche, e di colore scialba.

Io la mirava: e come 'l Sol conforta
Le fredde membra, che la notte aggrava,
Così lo sguardo mio le facea scorta

CHANT DIX-NEUVIÈME.

A cette heure avancée où la chaleur diurne
Qu'ont fini d'absorber la terre ou bien Saturne,
Ne peut plus attiédir la fraîcheur de la nuit :

Quand le géomancien voit, devançant l'aurore,
La Fortune Majeure à l'orient éclore (1),
Tandis qu'à l'horizon la nuit brune s'enfuit;

En songe m'apparut une femme, la bouche
Bégayante, les pieds tordus, le regard louche,
Manchotte des deux mains et le teint tout blafard.

Je la considérais : tel le jour réconforte
Les membres refroidis qu'engourdit la nuit morte,
Ainsi se déliait au feu de mon regard

La lingua, e poscia tutta la drizzava
In poco d' ora: e lo smarrito volto,
Come amor vuol, così le colorava.

Poi ch' ell' avea il parlar così disciolto,
Cominciava a cantar, sì che con pena
Da lei avrei mio intento rivolto.

Io son, cantava, io son dolce Sirena,
Che i marinari in mezzo 'l mar dismago,
Tanto son di piacere sentir piena.

Io trassi Ulisse del suo cammin vago
Al canto mio: e qual meco s' ausa,
Rado sen' parte, sì tutto l' appago.

Ancor non era sua bocca richiusa,
Quando una donna apparve santa e presta
Lunghesso me, per far colei confusa.

O Virgilio, Virgilio, chi è questa?
Fieramente dicea: ed ei veniva
Con gli occhi fitti pure in quella onesta:

L' altra prendeva, e dinanzi l' apriva,
Fendendo i drappi, e mostravami 'l ventre:
Quel mi svegliò col puzzo, che n' usciva.

Sa langue, et la voilà bientôt qui d'elle-même
Tout debout se dressait, et sa figure blême
Se parait des couleurs qu'aime l'amour vainqueur.

Quand elle put parler, sa voix, libre d'entraves,
Se prit à moduler des accords si suaves,
Que j'en aurais eu peine à détacher mon cœur.

« Je suis, chantait la voix, l'attrayante sirène,
Au milieu de la mer les mariniers j'entraîne,
Tant le charme est puissant qui pousse à m'écouter.

J'ai d'Ulysse autrefois fixé la course errante
A mon chant (2) ; qui s'arrête à ma voix enivrante,
Rarement il s'en va, tant je sais l'enchanter. »

Elle continuait, quand preste une autre femme
Parut soudain, les yeux pleins d'une sainte flamme,
Pour la confusion de celle qui chantait.

« Virgile, quelle est donc, quelle est cette mégère ? »
Disait-elle d'un ton où perçait la colère,
Et lui, l'œil attaché sur la sainte, accourait.

Elle prend la sirène et déchire son voile,
La découvre en entier et ses flancs me dévoile :
L'odeur qu'ils exhalaient me réveille en sursaut.

Io volsi gli occhi; e 'l buon Virgilio : Almen tre
Voci t' ho messe, dicea : surgi, e vieni :
Troviam l' aperto, per lo qual tu entre.

Su mi levai : e tutti eran già pieni
Dell' alto dì i giron del sacro monte,
Ed andavam col Sol nuovo alle reni.

Seguendo lui, portava la mia fronte
Come colui, che l' ha di pensier carca,
Che fa di sè un mezzo arco di ponte;

Quando io udì' : Venite, qui si varca;
Parlar in modo soave, e benigno,
Qual non si sente in questa mortal marca.

Con l' ale aperte, che parean di cigno,
Volseci in su colui, che sì parlonne,
Tra i duo pareti del duro macigno.

Mosse le penne poi, e ventilonne,
Qui lugent, affermando esser beati,
Ch' avran di consolar l' anime donne.

Che hai, che pure in ver la terra guati?
La Guida mia incominciò a dirmi,
Poco amendue dall' angel sormontati.

CHANT XIX.

J'ouvre l'œil, et Virgile à le suivre m'invite :
« Je t'ai bien appelé par trois fois ! Allons vite
Pour trouver l'huis par où nous monterons plus haut. »

Je me levai : le jour montant dans la campagne
Remplissait les contours de la sainte montagne,
Et nous allions tournant le dos au jour levant.

Je le suivais, laissant choir ma tête oppressée,
Comme un homme accablé du poids de sa pensée,
Qui tel qu'un arc de pont se courbe en cheminant.

Soudain j'ouïs ces mots : « Venez, ici l'on passe ! »
Prononcés d'un accent doux et tout plein de grâce,
Comme on n'en entend pas de pareil ici-bas.

Et déployant dans l'air ses deux ailes de cygne,
Celui qui nous parlait d'une voix si benigne
Entre les deux parois du roc tourne nos pas.

Et de l'extrémité de ses ailes m'effleure
En s'écriant : « Il est heureux celui qui pleure,
Il aura le bonheur d'être un jour consolé ! »

— « Qu'as-tu donc à fixer ainsi tes yeux à terre ? »
Me dit le maître, après que d'une aile légère
Au-dessus de tous deux l'ange s'est envolé.

Ed io: Con tanta sospeccion fa irmi
Novella vision, ch' a sè mi piega,
Sì ch' io non posso dal pensar partirmi.

Vedesti, disse, quella antica strega,
Che sola sovra noi omai si piagne?
Vedesti come l' uom da lei si slega?

Bastiti, e batti a terra le calcagne:
Gli occhi rivolgi al logoro, che gira
Lo Rege eterno con le ruote magne.

Quale il falcon, che prima a' piè si mira,
Indi si volge al grido, e si protende,
Per lo disio del pasto, che là il tira;

Tal mi fec' io: e tal, quanto si fende
La roccia, per dar via a chi va suso,
N' andai 'nfino ove 'l cerchiar si prende.

Com' io nel quinto giro fui dischiuso,
Vidi gente per esso che piangea,
Giacendo a terra tutta volta in giuso.

Adhæsit pavimento animo mea,
Sentia di lor con sì alti sospiri,
Che la parola appena s' intendea.

«C'est une vision récente, dis-je, ô maître,
Qui m'obsède, et si fort de trouble me pénètre
Que d'elle je ne puis mes pensers détacher.»

— «Tu viens de voir, dit-il, cette antique sorcière,
Qui pleure ore au-dessus de nous dans la carrière (3),
Et de ses nœuds tu vis comme on peut s'arracher.

C'est assez : du talon frappe à terre à cette heure
Et lève tes regards vers le céleste leurre
Que le Roi tout-puissant fait tourner devant toi!»

Tel un faucon : d'abord il mesure sa serre,
Puis il se tourne au cri du chasseur, et de terre
S'élance vers l'appât qu'il a vu devant soi;

Tel devins-je, et si loin que le roc se partage
Tout exprès pour offrir à qui monte un passage,
Jusqu'au prochain giron je courus à grands pas.

Quand le cinquième cercle à nos yeux se déroule,
Je le vois tout rempli par une immense foule
Pleurant, gisant par terre, avec la face en bas.

Adhæsit anima terræ, disaient les ombres,
En poussant des soupirs si profonds et si sombres
Qu'on avait de la peine à distinguer les mots.

O eletti di Dio, gli cui soffriri
E giustizia e speranza fan men duri,
Drizzate noi verso gli alti saliri.

Se voi venite dal giacer sicuri,
E volete trovar la via più tosto,
Le vostre destre sien sempre di furi.

Così pregò 'l poeta, e sì risposto
Poco dinanzi a noi ne fu: perch' io
Nel parlare avvisai l' altro nascosto:

E volsi gli occhi agli occhi al Signor mio:
Ond' egli m' assentì con lieto cenno
Ciò, che chiedea la vista del disio.

Poi ch' io potei di me fare a mio senno,
Trassimi sopra quella creatura,
Le cui parole pria notar mi fenno:

Dicendo: Spirto, in cui pianger matura
Quel, senza 'l quale a Dio tornar non puossi,
Sosta un poco per me tua maggior cura.

Chi fosti, e perchè volti avete in dossi
Al su, mi di', e se vuoi, ch' i' t' impetri
Cosa di là, ond' io vivendo mossi.

« O vous, élus de Dieu, vous en qui l'espérance,
Vous en qui la justice adoucit la souffrance,
Daignez nous diriger vers les gradins plus hauts ! »

— « Si vous venez exempts ici de notre honte
Et désirez trouver la route la plus prompte,
A droite, hors du cercle, il faut suivre le bord. »

Ainsi dit le poëte ; au secours qu'il réclame,
A quelques pas de nous, ainsi répond une âme
Que sa phrase me fit découvrir tout d'abord.

J'interrogeai des yeux mon seigneur ; le doux sage
M'approuve en souriant et d'un signe encourage
Le timide désir que mes yeux laissaient voir.

Aussitôt que d'agir à mon gré je fus maître,
J'avançai jusqu'auprès de ce malheureux être
Que sa voix m'avait fait d'abord apercevoir,

Disant : « Toi qui mûris dans les pleurs et la peine,
La grâce qui vers Dieu te pousse et te ramène,
Esprit, suspends un peu pour moi ton grand souci !

Quel est ton nom, pourquoi gisez-vous sur la voie ?
Réponds-moi si tu veux que pour toi je m'emploie
Au monde d'où j'ai pu, vivant, venir ici. »

Ed egli a me: perchè i nostri diretri
Rivolga 'l Cielo a sè, saprai: ma prima
Scias, quod ego fui successor Petri.

Intra Siestri e Chiaveri s'adima
Una fiumana bella, e del suo nome
Lo titol del mio sangue fa sua cima.

Un mese e poco più provai io come
Pesa 'l gran manto a chi dal fango 'l guarda:
Che piuma sembran tutte l'altre some.

La mia conversione, ome! fu tarda;
Ma come fatto fui Roman Pastore,
Così scopersi la vita bugiarda.

Vidi, che lì non si quetava 'l cuore,
Nè più salir poteasi in quella vita;
Perchè di questa in me s'accese amore.

Fino a quel punto misera e partita
Da Dio anima fui, del tutto avara;
Or, come vedi, qui ne son punita.

Quel ch' avarizia fa qui si dichiara,
In purgazion dell' anime converse:
E nulla pena il monte ha più amara.

Et lui : « De cette loi que le Ciel nous impose
De lui tourner le dos, je te dirai la cause ;
Mais apprends-le d'abord, *fui successor Petri*.

Le nom le plus brillant de ma famille altière
S'emprunte d'une belle et limpide rivière
Qui coule entre les murs de Siestre et Chiavari (4).

J'ai pu connaître un mois et plus quel poids étrange
Pèse le grand manteau pour rester pur de fange (5).
Tous les autres fardeaux sont des plumes auprès.

Ah ! ma conversion fut lente ; mais à peine
Etais-je élu pasteur de l'Église romaine,
Je découvris la vie et ses menteurs attraits.

Je sentis que mon âme était mal assouvie,
Et j'étais au sommet de la terrestre vie !
Alors je m'enflammai d'amour pour celle-ci.

Mon âme avait été jusque-là dévorée
Du péché d'avarice et de Dieu séparée ;
Ore, ainsi que tu vois, il me punit ici.

Ces esprits renversés pour expier leur vice
Rappellent les effets mêmes de l'avarice :
La montagne n'a pas de plus amer tourment.

Sì come l' occhio nostro non s' aderse
In alto, fisso alle cose terrene,
Così giustizia qui a terra il merse.

Come avarizia spense a ciascun bene
Lo nostro amore, onde operar perdèsi,
Così giustizia qui stretti ne tiene

Ne' piedi e nelle man legati e presi;
E quanto fia piacer del giusto Sire,
Tanto staremo immobili e distesi.

Io m' era inginocchiato, e volea dire:
Ma com' io cominciai, ed ei s' accorse
Solo ascoltando, del mio riverire:

Qual cagion, disse, in giù così ti torse?
Ed io a lui: Per vostra dignitate,
Mia coscienzia dritto mi rimorse.

Drizza le gambe, e levati su, frate,
Rispose: non errar: conservo sono
Teco, e con gli altri ad una potestate.

Se mai quel santo evangelico suono,
Che dice: *Neque nubent*, intendesti,
Ben puoi veder, perch' io così ragiono.

CHANT XIX.

Parce que nos regards attachés à la terre
Ne se sont point levés vers la céleste sphère,
La justice les courbe à la terre à présent.

Parce que l'avarice, éteignant le bon zèle,
Nous empêcha d'agir pour la vie éternelle,
La justice nous tient à la gêne en ce lieu,

Par les pieds et les mains enchaînés, inutiles ;
Et nous demeurerons étendus, immobiles,
Autant que le voudra la justice de Dieu ! »

J'inclinais les genoux, et plein de déférence
J'essayais de parler ; lui de ma révérence
Seulement à l'ouïe il s'était aperçu :

« Qui te force, dit-il, à plier de la sorte ? »
— « C'est votre dignité, lui dis-je, qui m'y porte.
Ma droite conscience au cœur m'aurait mordu. »

Il répliqua : « Debout ! relève-toi, mon frère !
Sache-le, comme toi, comme tous sur la terre,
D'un seul maître en ce lieu je suis le serviteur.

Si jamais tu compris ce mot évangélique :
Neque nubent, tu peux, sans que je te l'explique,
De ce que je dis là comprendre la valeur (6).

Vattene omai: non vo', che più t' arresti:
Che la tua stanza mio pianger disagia,
Col qual maturo ciò, che tu dicesti.

Nepote ho io di là, c' ha nome Alagia,
Buona da se, pur che la nostra casa
Non faccia lei per esempio malvagia:

E questa sola m' è di là rimasa.

CHANT XIX.

Va maintenant, je veux qu'ici tu m'abandonnes :
Tu gênes en restant le flot des larmes bonnes
Qui mûrissent la grâce, ainsi que tu l'as dit.

J'ai là-bas une nièce appelée Alagie,
Son cœur est bon, pourvu que notre race impie
Ne l'empoisonne pas d'un exemple maudit.

Elle seule là-bas fidèle me survit (7). »

NOTES DU CHANT XIX.

(1) Lorsqu'en jetant leurs points au hasard, les devins géomanciens les trouvaient disposés dans un ordre analogue aux étoiles situées à l'extrémité du Verseau et au commencement des Poissons, c'était un signe favorable qu'ils appelaient *fortune majeure (maggior fortuna)*.

(2) La sirène ment, car Ulysse se fit attacher au mât de son navire et boucha les oreilles avec de la cire pour ne pas céder à la séduction de la voix des sirènes.

(3) Dans les trois cercles supérieurs du Purgatoire qu'il nous reste à voir et où pleurent les avares, les gourmands, les luxurieux, tous les amoureux de la sirène.

(4) Le nom des comtes de Lavagno, dont Adrien V était issu.

(5) Le pontificat d'Adrien V dura un mois et neuf jours.

(6) C'est-à-dire : je ne suis plus ici l'époux de l'Église, car Jésus-Christ a dit : Il n'y aura ni époux ni épouses dans l'autre vie, il n'y aura que des enfants de Dieu : *Neque nubent, neque nubentur* (saint Matthieu, chap. XXII).

(7) Dante ayant proposé à Adrien de s'employer pour lui sur la terre, le pape lui répond qu'il ne lui reste qu'une nièce fidèle à son souvenir et à qui Dante puisse demander utilement de prier Dieu pour lui

ARGUMENT DU CHANT XX.

Après avoir quitté le pape Adrien, les deux poëtes entendent la voix d'une ombre qui rappelle en soupirant des exemples de pauvreté volontaire et de générosité. Cette ombre est Hugues-le-Grand, père de Hugues Capet. Il raconte aux voyageurs les crimes de son avide postérité, qu'il maudit pour ce qu'elle a envahi l'Italie. Il leur apprend que tous ses compagnons d'expiation dans ce cercle de l'avarice évoquent comme lui pendant le jour des exemples de désintéressement; la nuit ils s'entretiennent avec indignation des grands crimes commis par avarice. Un tremblement de terre agite la montagne ; à ce bruit, toutes les âmes, au grand étonnement de Dante, répondent par un cri de triomphe.

CANTO VENTESIMO.

Contra miglior voler, voler mal pugna.
Onde contra 'l piacer mio, per piacerli
Trassi dell' acqua non sazia la spugna.

Mossimi: e 'l Duca mio si mosse per li
Luoghi spediti pur lungo la roccia,
Come si va per muro stretto a' merli:

Che la gente, che fonde a goccia a goccia
Per gli occhi 'l mal, che tutto 'l mondo occupa,
Dall' altra parte in fuor troppo s' approccia.

Maledetta sie tu, antica Lupa,
Che più che tutte l' altre bestie hai preda,
Per la tua fame senza fine cupa.

CHANT VINGTIÈME.

Toute volonté cède à volonté meilleure :
Je passai donc pour plaire à l'esprit, et sur l'heure
Retirai, sans l'emplir, mon éponge de l'eau.

Je me remets en marche avec mon maître, et gagne
Le bord extérieur le long de la montagne,
Comme d'un mur étroit on longe le créneau.

Car l'autre bord était encombré par la foule
Qui résout en ses pleurs et goutte à goutte écoule
L'avarice, ce mal de tout le genre humain.

Ah! maudite sois-tu, Louve antique! toi seule
Engloutis plus de sang que pas une autre gueule
Dans le gouffre sans fond de ton horrible faim!

O Ciel, nel cui girar par che si creda,
Le condizion di quaggiù trasmutarsi,
Quando verrà, per cui questa disceda?

Noi andavam co' passi lenti e scarsi;
Ed io attento all' ombre, ch' i' sentia
Pietosamente piangere e lagnarsi :

E per ventura udi' : Dolce Maria,
Dinanzi a noi chiamar, così nel pianto,
Come fa donna, che 'n partorir sia.

E seguitar : Povera fosti tanto,
Quando veder si può per quell' ospizio,
Ove sponesti 'l tuo portato santo.

Seguentemente intesi, o buon Fabbrizio,
Con povertà volesti anzi virtute,
Che gran ricchezza posseder con vizio.

Queste parole m' eran sì piaciute,
Ch' io mi trassi oltre, per aver contezza
Di quello spirto, onde parean venute.

Esso parlava ancor della larghezza,
Che fece Niccolao alle pulcelle,
Per condurre ad onor lor giovinezza.

CHANT XX.

O ciel! aux mouvements duquel l'homme réfère
Les révolutions qui se font sur la terre,
Quand donc viendra celui qui doit l'anéantir?....

Nous allions lentement à pas comptés et rares,
Et j'étais attentif aux ombres des avares
Que j'entendais se plaindre et tristement gémir.

Et tout à coup j'entends une voix qui s'écrie,
Plaintive, à quelques pas de nous : « Douce Marie! »
Comme une femme alors qu'elle est en mal d'enfant.

Et d'ajouter : « Tu fus bien pauvre et misérable
Et tu l'as témoigné dans cette obscure étable
Où ton sein déposa son fardeau triomphant! »

Ensuite j'entendis crier : « O bon Fabrice!
Plutôt que posséder la richesse et le vice,
Tu voulus rester pauvre et garder ta vertu! »

Ces paroles m'avaient ravi de telle sorte
Que sur-le-champ et vite en avant je me porte
Pour voir l'esprit au lieu d'où le son est venu.

La voix parlait encor de la sainte largesse
Qu'un jour fit Nicolas à ce père en détresse
Pour conserver l'honneur de trois vierges en fleur (1).

O anima, che tanto ben favelle,
Dimmi chi fosti, dissi, e perchè sola
Tu queste degne lode rinnovelle?

Non fia senza mercè la tua parola,
S' io ritorno a compier lo cammin corto
Di quella vita, ch' al termine vola.

Ed egli: Io ti dirò, non per conforto,
Ch' io attenda di là, ma perchè tanta
Grazia in te luce, prima che sie morto.

Io fui radice della mala pianta,
Che la terra Cristiana tutta aduggia,
Sì che buon frutto rado se ne schianta.

Ma se Doagio, Guanto, Lilla, e Bruggia
Potesser, tosto ne saria vendetta:
Ed io la cheggiò a Lui, che tutto giuggia.

Chiamato fui di là Ugo Ciapetta:
Di me son nati i Filippi e i Luigi,
Per cui novellamente è Francia retta.

Figliuol fui d' un beccaio di Parigi,
Quando li regi antichi venner meno
Tutti, fuor ch' un, renduto in panni bigi.

«Apprends-moi, dis-je, esprit qui parles comme un ange,
Qui tu fus, et pourquoi cette juste louange
Tu la redis tout seul en ce lieu de douleur?

Je saurai dignement payer ta courtoisie
Si je puis revenir dans la terrestre vie
Finir le court trajet qui nous conduit au port. »

Et lui : « Je parlerai, bien que mon cœur n'attende
Nul confort de là-bas, mais pour la grâce grande
Qui resplendit en toi devant que tu sois mort.

Je fus la graine, hélas! de cette plante sombre
Qui sur le sol chrétien partout jette son ombre,
Si bien que rarement il s'y cueille un fruit sain.

Si Douai, Gand, Lille et Bruge en avaient la puissance,
Certe on en tirerait une prompte vengeance,
Et moi je la demande au Juge souverain.

Hugues Capet était mon nom là-bas sur terre,
Et je suis des Philippe et des Louis le père,
Dans le pays français ores régi par eux.

J'étais fils d'un boucher de Paris. Quand la race
Des anciens rois n'eut plus un rejeton vivace,
Hormis un seul qui prit l'habit religieux,

Trovami stretto nelle mani il freno
Del governo del regno, e tanta possa
Di nuovo acquisto, e più d' amici pieno,

Ch' alla corona vedova promossa
La testa di mio figlio fu, dal quale
Cominciar di costor le sacrate ossa.

Mentre che la gran dote Provenzale
Al sangue mio non tolse la vergogna,
Poco valea, ma pur non facea male.

Lì cominciò con forza e con menzogna
La sua rapina: e poscia per ammenda
Ponti, e Normandia prese, e Guascogna.

Carlo venne in Italia, e per ammenda
Vittima fe' di Curradino, e poi
Ripinse al Ciel Tommaso per ammenda.

Tempo vegg' io non molto dopo ancoi,
Che tragge un altro Carlo fuor di Francia,
Per far conoscer meglio e sè, e i suoi.

Senz' arme n'esce, e solo con la lancia,
Con la qual giostrò Giuda, e quella ponta
Sì, ch' a Fiorenza fa scoppiar la pancia.

Je me trouvai tenir entre mes mains la France.

Dans cet acquêt nouveau telle était ma puissance,

Et je sus m'entourer de tant et tant d'amis

Que je mis la couronne alors en déshérence

Sur le front de mon fils. C'est de lui que commence

Cette race de rois oints et sacrés depuis.

Jusqu'au jour où la dot royale de Provence

Vint de mon sang impur démasquer l'impudence,

S'il valait peu, du moins il était sans exploits.

Lors par force et par ruse ils ouvrent leurs rapines,

Et puis, pour réparer leurs œuvres léonines,

Ils prennent Normandie et Gascogne et Ponthois.

Charles (2), pour s'amender, accourt en Italie

Et met Conrad à mort, et puis, comme œuvre pie,

Toujours pour s'amender, rend saint Thomas aux cieux (3).

Et dans un temps prochain du moment où je parle,

Je vois venir de France encore un autre Charle (4),

Pour que les siens et lui soient connus encor mieux.

Il en sort sans armée et seul avec la lance

Qui servit à Judas : sur le sein de Florence

Il la pointe si bien qu'il lui perce le cœur.

Quindi non terra, ma peccato e onta
Guadagnerà, per sè tanto più grave,
Quanto più lieve simil danno conta.

L'altro, che già uscì, preso di nave,
Veggio vender sua figlia, e patteggiarne,
Come fan li corsar dell'altre schiave.

O avarizia, che puoi tu più farne,
Poi c'hai 'l sangue mio a te sì tratto,
Che non si cura della propria carne?

Perchè men paia il mal futuro, e 'l fatto,
Veggio in Alagna entrar lo fiordaliso,
E nel vicario suo Cristo esser catto.

Veggiolo un'altra volta esser deriso:
Veggio rinnovellar l'aceto e 'l fele,
E tra i vivi ladroni esser anciso.

Veggio 'l nuovo Pilato sì crudele,
Che ciò nol sazia, ma senza decreto,
Porta nel tempio le cupide vele.

O Signor mio, quando sarò io lieto,
A veder la vendetta, che nascosa
Fa dolce l'ira tua nel tuo segreto?

Il ne gagnera point de terre, mais la honte,
Qui pèse d'autant plus que pour moins on la compte;
Il ne remportera rien que son déshonneur.

L'autre de son vaisseau sort prisonnier de guerre (5).
Je le vois marchander sa fille : indigne père !
Comme font les forbans des esclaves sur mer.

Avarice! peux-tu triompher davantage ?
Tu pousses mes enfants, dans leur aveugle rage,
A jeter dans tes dents jusqu'à leur propre chair !

Mais, afin d'effacer tous ces crimes peut-être,
Je vois dans Alagni les fleurs de lis paraître
Et le Christ prisonnier dans son représentant.

Je vois que derechef on raille, on le bafoue,
Le vinaigre, le fiel ruissellent sur sa joue.
Puis entre deux larrons je le vois expirant (6).

Et le nouveau Pilate (7), à cet affreux spectacle
Encor mal assouvi, va jusqu'au tabernacle
Et porte dans le temple une cupide main.

O mon Seigneur, quand donc, après tant de souffrance,
Verrai-je, bienheureux, éclater la vengeance
Dont jouit en secret ton courroux souverain ?

Ciò ch' i' dicea di quell' unica Sposa
Dello Spirito Santo, e che ti fece
Verso me volger per alcuna chiosa;

Tant' è disposto a tutte nostre prece,
Quanto 'l dì dura: ma quando s' annotta,
Contrario suon prendemo in quella vece.

Noi ripetiam Pigmalion allotta,
Cui traditore e ladro e patricida
Fece la voglia sua dell' oro ghiotta:

E la miseria dell' avaro Mida,
Che seguì alla sua dimanda ingorda,
Per la qual sempre convien che si rida.

Del folle Acam ciascun poi si ricorda,
Come furò le spoglie, sì che l' ira
Di Giosuè qui par ch' ancor lo morda.

Indi accusiam col marito Safira:
Lodiamo in calci, ch' ebbe Eliodoro,
Ed in infamia tutto 'l monte gira

Polinestor, ch' ancise Polidoro:
Ultimamente ci si grida: O Crasso,
Dicci, che 'l sai, di che sapore è l' oro.

Maintenant, pour répondre à ton autre demande,
Ces mots que j'adressais comme une douce offrande
A la Vierge divine unie au Saint Amour,

Tant que dure le jour, ce sont là nos prières;
La nuit, nous évoquons des exemples contraires,
A la place des noms que nous chantons le jour.

Lors nous nous rappelons Pygmalion l'avide
Qui devint un larron, un traître, un patricide,
Par le désir de l'or bassement emporté (8).

De l'avare Midas nous disons la misère
Qui suivit sur-le-champ sa sordide prière
Et prête à rire encor à la postérité (9).

Puis chacun se souvient d'Acham et de son crime,
Vil larron qui, chargé de sa dépouille opime,
Semble de Josué craindre encor la fureur (10).

Nous accusons Saphir et son mari (11). L'exemple
Nous plaît d'Héliodore écrasé dans le temple (12),
Et dans tout le mont roule une immense clameur

Contre Polymnestor qui tua Polydore (13).
O triumvir Crassus, toi, crions-nous encore,
Qui sais le goût de l'or, dis-nous donc sa saveur! (14)

Talor parliam l' un alto, e l' altro basso,
Secondo l' affezion, ch' a dir ci sprona
Or a maggiore, ed ora a minor passo:

Però al ben, che 'l dì ci si ragiona,
Dianzi non er' io sol: ma qui da presso
Non alzava le voce altra persona.

Noi eravam partiti già da esso,
E brigavam di soverchiar la strada
Tanto, quanto al poder n' era permesso;

Quand' io senti', come cosa che cada,
Tremar lo monte: onde mi prese un gielo,
Qual prender suol colui, ch' a morte vada.

Certo non si scotea si forte Delo,
Pria che Latona in lei facesse 'l nido,
A partorir li du' occhi del Cielo.

Poi cominciò da tutte parti un grido
Tal, che 'l Maestro inver di me si feo,
Dicendo: Non dubbiar mentr' io ti guido.

Gloria in excelsis tutti *Deo*
Dicean, per quel ch' io da vicin compresi,
Onde 'ntender lo grido si poteo.

Et chacun tantôt pleure, à voix basse, à voix forte,
Selon qu'un sentiment ou faible ou fort nous porte,
Et suivant que l'on a plus ou moins de ferveur.

Ainsi point n'étais seul à parler tout à l'heure
Des vertus dont le jour l'on converse et l'on pleure,
Mais alors près de moi nul n'élevait la voix. »

Nous nous étions déjà de l'ombre pécheresse
En marchant éloignés, et de toute vitesse
Tâchions d'escalader les échelons étroits :

Tout à coup, comme prête à crouler dans l'espace,
La montagne trembla. Mon cœur fut pris de glace,
Ainsi qu'un criminel à son dernier moment.

Moins fort tremblait Délos avant que dans cette île
Latone eût fait son nid, cachant dans cet asile
Des yeux brillants du Ciel le double enfantement (15).

Alors de toutes parts un cri monte unanime.
Mon bon maître vers moi se tourne et me ranime.
« Ne crains rien, me dit-il, ton maître te conduit. »

« Gloire à Dieu dans les Cieux ! » (16) ce cri s'est fait entendre
Autant que je parvins du moins à le comprendre
En approchant du lieu d'où m'arrivait le bruit.

Noi ci restammo immobili e sospesi,
Come i pastor, che prima udir quel canto,
Fin che 'l tremar cessò, ed ei compièsi.

Poi ripigliammo nostro cammin santo,
Guardando l' ombre, che giacean per terra,
Tornate già in su l' usato pianto.

Nulla ignoranza mai cotanta guerra
Mi fe' desideroso di sapere,
Se la memoria mia in ciò non erra,

Quanta pareami allor pensando avere:
Nè per la fretta dimandare er' oso,
Nè per me lì potea cosa vedere:

Così m' andava timido e pensoso.

CHANT XX.

Muets nous attendions comme les pasteurs firent
Qui jadis les premiers ce cantique entendirent,
Jusqu'à ce que secousse et chant, tout eût cessé.

Nous reprîmes alors notre voyage austère,
Regardant les esprits qui gisaient sur la terre
Et dont les pleurs avaient déjà recommencé.

Jamais, si j'ai du moins fidèle souvenance,
Le désir de savoir qu'inspire l'ignorance,
N'avait jeté de trouble aussi grand dans mon cœur

Que celui qu'en l'instant en moi je sentis naître.
Je n'osais, dans sa hâte, interroger mon maître,
Et du mystère en vain sondais la profondeur.

Ainsi je m'en allais inquiet et rêveur.

NOTES DU CHANT XX.

(1) Saint Nicolas, évêque de Myre, dota secrètement trois jeunes filles pauvres pour préserver leur honneur en péril.

(2) Charles d'Anjou, frère de saint Louis. C'est lui qui avait reçu en dot la Provence en épousant la fille de Raymond Béranger.

(3) Suivant Villani, Charles d'Anjou aurait fait empoisonner saint Thomas d'Aquin.

(4) Charles de Valois, frère de Philippe=le=Bel, envoyé par Boniface VIII à Florence, où il exerça toutes sortes de cruautés. Sa venue amena le triomphe des Noirs et l'exil du Dante.

(5) Charles II, roi de Sicile, fils de Charles d'Anjou, qui fut fait prisonnier par Roger d'Oria, amiral du roi d'Aragon, et qui livra sa fille à Azzo III, marquis de Ferrare, contre une somme d'argent.

(6) Entre larrons *vivants*, dit le texte; les larrons vivants sont Nogaret et Colonna, chefs de l'armée de Philippe=le=Bel, qui avaient fait Boniface VIII prisonnier.

(7) Philippe=le=Bel, destructeur de l'ordre du Temple. Dans tout ce morceau, où l'on voit les princes français maudits par le chef de leur race, ce n'est pas, on le sent bien, Hugues qui parle, c'est le patriote gibelin.

(8) Pygmalion, assassin de Sichée frère de son père.

(9) Midas fut puni par l'accomplissement de son vœu sordide, les mets qu'il portait à sa bouche se changeant en or, comme tout ce qu'il touchait.

(10) Acham fut lapidé pour s'être approprié le butin de Jéricho.

(11) Saphir et Ananias manquèrent à leur vœu de pauvreté et tombèrent morts aux reproches que leur fit saint Pierre.

(12) Héliodore, envoyé par Séleucus pour piller le temple de Jérusalem, fut foulé aux pieds d'un cheval monté par un homme armé qui apparut tout à coup devant lui.

(13) Polymnestor, roi de Thrace, tua Polydore, fils de Priam, pour s'emparer de ses richesses.

(14) Crassus, battu par les Parthes, eut la tête coupée et plongée dans un vase d'or fondu.

(15) Commencement de l'hymne des anges pour la naissance de Jésus=Christ.

(16) Les yeux du Ciel, c'est-à-dire les deux enfants de Latone, Apollon et Diane, le Soleil et la Lune.

ARGUMENT DU CHANT XXI

Dante voit apparaître l'ombre de Stace qui, après avoir accompli sa purification, monte vers le Paradis. Il apprend de lui la cause du tremblement de la montagne et du cri de joie poussé par les âmes des pécheurs. Ce tremblement et ce cri triomphal ont lieu chaque fois qu'une âme est purifiée et quitte le Purgatoire pour le Ciel. Le poëte de la *Thébaïde* tombe aux pieds de Virgile.

CANTO VENTESIMO PRIMO.

La sete natural, che mai non sazia,
Se non coll' acqua, onde la femminetta
Sammaritana dimandò la grazia,

Mi travaglia, e pungeami la fretta,
Per la 'mpacciata via retro al mio Duca,
E condoleami alla giusta vendetta.

Ed ecco, sì come ne scrive Luca,
Che Christo apparve a' duo, ch' erano 'n via,
Già surto fuor della sepolcral buca,

Ci apparve un' ombra: e dietro a noi venia,
Dappiè guardando la turba, che giace;
Nè ci addemmo di lei, sì parlò pria,

CHANT VINGT ET UNIÈME.

Cette native soif que rien n'éteint dans l'âme (1),
Hormis l'eau du Seigneur dont une pauvre femme
Jadis à Samarie implora la faveur,

Cette soif m'agitait et me poussait rapide
Par la voie encombrée où je suivais mon guide,
Et des justes tourments se condoulait mon cœur.

Et voici, comme Luc écrit dans son histoire
Que Christ, étant sorti hors de la tombe noire,
A deux saints voyageurs parut après sa mort,

Derrière nous soudain une ombre est apparue,
Marchant, l'œil sur la foule à ses pieds étendue.
Nous n'y prenions pas garde; elle parla d'abord,

Dicendo: Frati miei, Dio vi dea pace:
Noi ci volgemmo subito; e Virgilio
Rendè lui 'l cenno, ch' a ciò si conface:

Poi cominciò: Nel beato concilio
Ti ponga in pace la verace corte,
Che me rilega neli' eterno esilio.

Come, diss' egli, e perchè andate forte,
Se voi siete ombre, che Dio su non degni?
Chi v' ha per la sua scala tanto scorte?

E 'l Dottor mio: Se tu riguardi i segni,
Che questi porta, e che l' angel proffila,
Ben vedrai, che co' buon convien ch' ei regni.

Ma perchè lei, che dì e notte fila,
Non gli avea tratta ancora la conocchia,
Che Cloto impone a ciascuno e compila:

L' anima sua, ch' è tua e mia sirocchia:
Venendo su non potea venir sola,
Perocch' al nostro modo non adocchia:

Ond' i o fui tratto fuor dell' ampia gola
D' Inferno per mostrarli, e mostrerolli
Oltre, quanto 'l potrà menar mia scuola.

CHANT XXI.

Disant : « Dieu fasse paix, mes frères, à vos âmes ! »
En l'entendant parler, soudain nous nous tournâmes,
Virgile lui rendit du geste ses saluts,

Puis sur-le-champ lui dit : « Au bienheureux concile
Puisse la sainte cour, qui pour jamais m'exile,
Bientôt t'admettre en paix au milieu des élus ! »

— « Comment donc et pourquoi, dit l'ombre, aller si vite,
Si Dieu ne vous veut pas dans le Ciel qu'il habite,
Et qui vous a conduits par tous ses échelons ? »

— « Vois cet homme, répond mon maître à l'ombre étrange,
Vois les signes qu'il porte au front gravés par l'ange (2),
Tu verras bien qu'il doit régner avec les bons.

Mais celle qui la nuit et le jour veille et file,
Mouillant encor pour lui la quenouille fragile
Que dispose Clotho pour chacun des mortels,

Son âme, une âme sœur de la mienne et la tienne,
Ne pouvait venir seule où Dieu veut qu'elle vienne,
N'ayant pas comme nous des yeux incorporels.

Des bouches de l'Enfer pour lui montrer la voie
J'ai donc été tiré : je le guide avec joie
Et le ferai tant que mon savoir le pourra.

Ma dinne, se tu sai, perchè tai crolli
Diè dianzi 'l monte, e perchè tutti ad una
Parver gridare, infino a' suoi piè molli?

Sì mi diè, dimandando per la cruna
Del mio disio, che pur con la speranza
Si fece la mia sete men digiuna.

Quei cominciò: Cosa non è, che sanza
Ordine senta la religione
Della montagna, o che sia fuor d'usanza.

Libero è qui da ogni alterazione:
Di quel che 'l Cielo in sè da sè riceve,
Esserci puote, e non d'altro cagione.

Perchè non pioggia, non grando, non neve,
Non rugiada, non brina più su cade,
Che la scaletta de' tre gradi breve.

Nuvole spesse non paion, nè rade,
Nè corruscar, nè figlia di Taumante,
Che di là cangia sovente contrade.

Secco vapor non surge più avante,
Ch' al sommo de' tre gradi, ch' io parlai,
Ov' ha 'l Vicario di Pietro le piante.

CHANT XXI.

Mais dis-nous, si tu peux, pourquoi dans l'instant même
Le mont tremblait si fort, et de sa cime extrême
Jusqu'à son pied humide on a crié hourra! »

Virgile était entré si bien par sa demande
Au chas de mon désir que ma soif encor grande
S'adoucit sur-le-champ par l'espoir d'un peu d'eau.

L'autre lui répondit : Ces bruits n'ont rien d'étrange,
Dans ses rites sacrés jamais le mont ne change,
Et ce tremblement-là n'a rien qui soit nouveau.

Rien ne peut ébranler son assise éternelle.
Quand une âme remonte au Ciel qui la rappelle,
C'est alors qu'on entend et ce bruit et ces voix.

Car, ce mont-ci, jamais la grêle ne l'assiége,
Il n'y tombe jamais bruine, rosée ou neige,
Plus haut que le portail aux trois degrés étroits.

On n'y voit point d'épais ou de légers nuages,
On n'y voit point l'éclair précurseur des orages,
Ni de la belle Iris l'arc-en-ciel inconstant.

Et jamais au-dessus des trois degrés de pierre
Dont je parle, où se tient le successeur de Pierre,
Nulle sèche vapeur ne s'élève un instant.

Trema forse più giù poco, od assai:
Ma per vento, che 'n terra si nasconda,
Non so come, quassù non tremò mai.

Tremaci quando alcuna anima monda
Si sente, sì che surga, o che si muova
Per salir su, e tal grido seconda.

Della mondizia il sol voler fa pruova,
Che tutta libera a mutar convento
L' alma sorprende, e di voler le giova.

Prima vuol ben: ma non lascia 'l talento,
Chè divina giustizia contra voglia,
Come fu al peccar, pone al tormento.

Ed io che son giaciuto a questa doglia
Cinquecento anni e più, pur mo sentii
Libera volontà di miglior soglia.

Però sentisti 'l tremoto, e li pii
Spiriti per lo monte render lode
A quel Signor, che tosto su gl' invii.

Così gli disse: e però che si gode
Tanto del ber, quant' è grande la sete,
Non saprei dir quant' e' mi fece prode.

La montagne plus bas peut-être tremble-t-elle;
Mais le vent ténébreux que la terre recèle,
Je ne sais pas pourquoi, ne peut rien sur le mont.

C'est lorsque, se sentant purifiée, une âme
Se lève pour monter au Ciel qui la réclame,
Que la montagne tremble et qu'un cri lui répond :

L'âme veut: il suffit; son vouloir marque l'heure,
Et libre tout à coup de changer sa demeure,
Elle cède joyeuse au désir qu'elle sent.

D'abord elle veut bien, mais un désir contraire
En ces lieux où de Dieu la justice l'éclaire,
Comme au péché jadis la porte au châtiment.

Et moi qui cinq cents ans et plus là souffre et pleure,
Contre terre gisant, ce n'est que tout à l'heure
Que d'un meilleur séjour j'eus le libre vouloir.

De là ce tremblement qui vous parut étrange,
Et ces esprits chantant du Seigneur la louange
Pour qu'il daigne là-haut bientôt les recevoir. »

Ainsi l'ombre parla. Comme alors il arrive
Qu'à boire on jouit plus quand la soif est plus vive,
Je ne puis exprimer combien je fus heureux.

E 'l savio duca: Omai veggio la rete,
Che qui vi piglia, e come si scalappia,
Perchè ci trema, e di che congaudete.

Ora chi fosti, piacciati ch' io sappia;
E perchè tanti secoli giaciuto
Qui se', nelle parole tue mi cappia.

Nel tempo, che 'l buon Tito, con l' aiuto
Del sommo Rege, vendicò le fora,
Ond' uscì 'l sangue per Giuda venduto;

Col nome, che più dura e più onora,
Er' io di là, rispose quello spirto,
Famoso assai, ma non con fede ancora.

Tanto fu dolce mio vocale spirto,
Che Tolosano a sè mi trasse Roma,
Dove mertai le tempie ornar di mirto.

Stazio la gente ancor di là mi noma:
Cantai di Tebe, e poi del grande Achille:
Ma caddi 'n via con la seconda soma.

Al mio ardor fur seme le faville,
Chè mi scaldàr della divina fiamma,
Onde sono allumati più di mille:

— « J'aperçois à présent quel réseau vous attache,
Dit mon guide, et comment de ces lacs on s'arrache;
Pourquoi ce tremblement, pourquoi ce chœur joyeux.

Qu'il te plaise à présent encore de m'apprendre
Qui tu fus, et fais-moi dans ton récit comprendre
Pourquoi plusieurs cents ans tu restas couché là? »

— « Lorsque le bon Titus par de justes ruines,
Dieu l'aidant, eut vengé les blessures divines
D'où s'échappa le sang qu'avait trahi Judas;

Dans ce temps, dit l'esprit, je portai sur la terre
Le titre le plus noble et le moins éphémère (3),
Mais la foi ne m'avait encore illuminé.

Le souffle était si doux de ma voix poétique,
Qu'appelé de Toulouse au sein de Rome antique,
J'y vainquis et de myrte eus le front couronné (4).

Stace est mon nom; il dure en l'humaine vallée.
Je chantai Thèbe et puis le grand fils de Pélée,
Mais en chemin tombai sous ce dernier fardeau (5).

L'ardeur qui devait naître et brûler dans mon âme
S'échauffa tout d'abord à la divine flamme
Où de milliers d'esprits s'alluma le flambeau.

4.

Dell' Eneide dico, la qual mamma
Fummi, e fummi nutrice poetando:
Senz' essa non fermai peso di dramma.

E per esser vivuto di là quando
Visse Virgilio, assentirei un sole
Più, ch' i' non deggio, al mio uscir di bando.

Volser Virgilio a me queste porole
Con viso, che tacendo dicea: Taci.
Ma non può tutto la virtù, che vuole:

Chè riso e pianto son tanto seguaci
Alla passion, da che ciascun si spicca,
Che men seguon voler ne' più veraci:

Io pur sorrisi, come l'uom, ch' ammicca:
Per che l' ombra si tacque, riguardommi
Negli occhi, ove 'l sembiante più si ficca.

E se tanto lavoro in bene assommi,
Disse: perchè la faccia tua testeso
Un lampeggiar d' un riso dimostrommi?

Or son io d' una parte e d' altra preso:
L' una mi fa tacer, l' altra scongiura
Ch' io dica: ond' io sospiro, e sono inteso.

L'*Enéide* me fut la nourrice choisie,
Le sein pur où j'ai bu toute ma poésie :
Je lui dois le dernier, le moindre de mes vers;

Et pour avoir vécu lorsque vivait Virgile,
Volontiers dans ce ban d'où je sors, triste asile,
Tout un soleil de plus je garderais mes fers. »

A ces mots de l'esprit, Virgile vers moi lance,
Sans parler, un regard qui me disait : Silence !
Mais notre volonté quelquefois ne peut rien,

Et le rire et les pleurs suivent tellement vite
Le mouvement du cœur qui soudain les excite
Que les plus ingénus les domptent le moins bien.

Je souris en clignant d'un air d'intelligence :
Ce que l'esprit voyant me regarde en silence
Dans les yeux où le cœur paraît plus éclatant :

« Puisses-tu recueillir le fruit de ton voyage !
Dit-il, mais apprends-moi pourquoi sur ton visage
Cet éclair de sourire a passé dans l'instant ? »

Me voilà pris, chacun tirant en sens contraire,
L'un m'excite à parler, l'autre a dit de me taire.
Je ne fis qu'un soupir dont le sens fut saisi.

Di', il mio Maestro, e non aver paura,
Mi disse, di parlar, ma parla, e digli
Quel ch' e' dimanda con cotanta cura.

Ond' io: Forse che tu ti maravigli,
Antico spirto, del rider, ch' i' fei:
Ma più d' ammirazion vo', che ti pigli.

Questi, che guida in alto gli occhi miei,
È quel Virgilio, dal qual tu togliesti
Forte a cantar degli uomini e de' Dei.

Se cagione altra al mio rider credesti,
Lasciala per non vera, ed esser credi
Quelle parole, che di lui dicesti.

Già si chinava ad abbracciar li piedi
Al mio Dottor: ma e' gli disse: Frate,
Non far: chè tu se' ombra, e ombra vedi.

Ed ei surgendo: Or puoi la quantitate
Comprender dell' amor, ch' a te mi scalda,
Quando dismento nostra vanitate,

Trattando l' ombre come cosa salda.

« Allons, tu peux parler sans craindre de tout dire,
S'écrie alors mon maître, et puisqu'il le désire,
Dis-lui ce qu'il demande avec tant de souci. »

Moi donc : « Antique esprit ! à mon sourire tendre
D'un peu d'étonnement tu n'as pu te défendre,
Mais je vais sur-le-champ te surprendre encor mieux.

Ce guide qui dirige au Ciel mon œil docile,
Cet homme que tu vois, c'est lui, c'est ce Virgile
Qui t'apprit à chanter les hommes et les dieux.

Si tu crois que mon rire avait une autre cause,
Détrompe-toi ; crois-le, ce n'est rien autre chose
Que tes propos sur lui qui causaient mon émoi.

Déjà, pour embrasser les pieds du maître, à terre
Il s'était incliné ; mais Virgile dit : « Frère,
Que fais-tu ? Vois, je suis une ombre comme toi. »

Et lui, se relevant : « Or donc dedans mon âme
Tu vois jusqu'où pour toi va l'amour qui m'enflamme.
Oubliant que tous deux nous sommes vanité,

Je traitais l'ombre ainsi qu'une réalité.

NOTES DU CHANT XXI.

(1) La soif de savoir.

(2) Les sept lettres P.

(3) Le titre de poëte.

(4) Stace n'était pas de Toulouse, mais de Naples. Il le dit lui-même dans les *Sylves*, mais ce poëme était ignoré au treizième siècle.

(5) Il mourut avant d'avoir achevé son poëme de l'*Achilléide*.

ARGUMENT DU CHANT XXII.

Dante et Virgile, et Stace avec eux, montent ensemble au sixième cercle où s'expie le péché de la gourmandise. Stace raconte comment il devint chrétien sous l'influence des vers prophétiques de Virgile et par la fréquentation des martyrs. Un arbre mystérieux se présente au milieu du chemin et interrompt l'entretien des poëtes. L'arbre est chargé de fruits doux et odorants. Une eau fraîche jaillit sur ses branches, à travers lesquelles une voix se fait entendre qui défend de toucher aux fruits de l'arbre et oppose à la gourmandise des exemples de frugalité.

CANTO VENTESIMO SECONDO.

Già era l' Angel dietro a noi rimaso,
L' Angel, che n' avea volti al sesto giro,
Avendomi dal viso un colpo raso:

E quei, ch' hanno a giustizia lor disiro,
Detto n' avean, *Beati*, in lo sue voci,
Con *sitio*, e senz' altro ciò forniro:

Ed io più lieve, che per l' àltre foci,
M' andava sì, che senza alcun labore,
Seguiva in su gli spiriti veloci:

Quando Virgilio cominciò: Amore
Acceso di virtù sempre altro accese,
Pur che la fiamma sua paresse fuore.

CHANT VINGT-DEUXIÈME.

Effaçant à mon front encore une autre empreinte
Et dirigeant nos pas vers la sixième enceinte,
Déjà derrière nous un autre ange est resté :

« Heureux quiconque a soif et faim de la justice ! »
Ont chanté les pécheurs du cercle d'avarice,
Et, restant sur ce mot, n'ont plus rien ajouté.

Et moi, bien plus léger qu'aux précédents passages,
J'allais allégrement sur les pas des deux sages,
Qui rapides montaient suivant le sentier tors.

Virgile alors : « L'amour que la vertu provoque
Allume un autre amour et devient réciproque,
Pour peu que son feu tendre apparaisse au dehors.

Onde dall' ora, che tra noi discese
Nel limbo dello 'nferno Giovenale,
Che la tua affezion mi fe' palese,

Mia ben voglienza inverso te fu, quale
Più strinse mai di non vista persona,
Sì ch' or mi parean corte queste scale.

Ma dimmi: e, come amico, mi perdona,
Se troppa sicurtà m' allarga il freno,
E come amico omai meco ragiona:

Come poteo trovar dentro al tuo seno
Luogo avarizia, tra cotanto senno,
Di quanto per tua cura fosti pieno?

Queste parole Stazio muover fenno
Un poco a riso pria; poscia rispose:
Ogni tuo dir d' amor m' è caro cennò.

Veramente più volte appaion cose,
Che danno a dubitar falsa matera,
Per le vere cagion, che son nascose.

La tua dimanda tuo creder m' avvera
Esser, ch' io fossi avaro in l' altra vita,
Forse per quella cerchia, dov' io era.

Aussi depuis le temps où, venant à descendre
Dans les limbes d'Enfer, Juvénal put m'apprendre
Toute l'affection que ton cœur a pour moi,

Pour toi mes sentiments furent tels que peut-être
On n'aima jamais tant quelqu'un sans le connaître,
Et qu'ore le chemin sera court avec toi.

Mais dis, et si je parle avec trop de hardiesse,
Pardonne, c'est l'accent hardi de la tendresse,
Et converse avec moi comme fait un ami :

Comment put l'avarice avoir place en ta vie,
Dans ce cœur occupé d'une plus noble envie,
De l'ardeur de savoir et de savoir rempli ? »

Stace, à ces mots, ne put retenir un sourire,
Ensuite il répondit : « De ta part tout ce dire
M'est un gage bien cher de ton amour pour moi.

Des choses, en effet, l'apparence première
Au doute maintes fois à tort donne matière,
Faute de pénétrer leur véritable loi.

Tu crois, ta question m'en est la garantie,
Que je fus autrefois avare en l'autre vie,
A cause de ce cercle où tu m'as vu venir.

Or sappi, ch' avarizia fu partita
Troppo da me: e questa dismisura
Migliaia di lunari hanno punita.

E se non fosse, ch' io drizzai mia cura,
Quand' io intesi, là ove tu chiame,
Crucciato quasi all' umana natura:

Perchè non reggi tu, o sacra fame
Dell' oro, l' appetito de' mortali?
Voltando sentirei le giostre grame.

Allor m' accorsi, che troppo aprir l' ali
Potean le mani a spendere, e pentemi
Così di quel, come degli altri mali.

Quanti risurgeran co' crini scemi
Per l' ignoranza, che di questa pecca
Toglie 'l pentir vivendo, e negli stremi!

E sappi, che la colpa, che rimbecca,
Per dritta opposizione alcun peccato,
Con esso insieme qui suo verde secca.

Però s' io son tra quella gente stato,
Che piange l' avarizia, per purgarmi,
Per lo contrario suo m' è incontrato.

Sache que je me suis tenu trop à distance
De l'avarice, et que pour cette extravagance
J'ai durant des milliers de lunes dû souffrir.

Et pour me corriger si je n'avais pris peine,
Éveillé par ce cri qu'à la nature humaine,
Éclatant, indigné, tu jetais dans ces vers :

« Où ne pousses-tu pas l'humaine convoitise
Faim horrible de l'or ! » (1) mon âme au Ciel promise
Roulerait son fardeau dans la joûte, aux Enfers.

Alors je m'aperçus, à ma très-grande honte,
Que la main à s'ouvrir pouvait être trop prompte,
Et, comme tout péché, je regrettai ce tort.

Combien, le chef rasé, pleureront l'ignorance
Qui les a retenus d'en faire pénitence
Pendant leur vie ou bien à l'heure de la mort !

Apprends que chaque vice et la contraire faute
Subissent ici-bas leur peine côte à côte
Et sèchent leur venin dedans les mêmes lieux.

Si donc j'ai dû rester pour expier mon vice
Avec ces pénitents qui pleurent l'avarice,
C'est que j'ai contrasté par ma faute avec eux. »

Or quando tu cantasti le crude armi
Della doppia tristizia di Giocasta,
Disse 'l cantor de' bucolici carmi,

Per quel, che Clio lì con teco tasta,
Non par che ti facesse ancor fedele
La fè, senza la qual ben far non basta.

Se così è, qual Sole, o quai candele
Ti stenebraron sì, che tu drizzasti
Poscia diretro al pescator le vele?

Ed egli a lui: Tu prima m'inviasti
Verso Parnaso a ber nelle sue grotte,
E prima appresso Dio m'alluminasti.

Facesti, come quei, che va di notte,
Che porta il lume dietro, e sè non giova:
Ma dopo sè fa le persone dotte,

Quando dicesti: Secol si rinnuova,
Torna giustizia, e primo tempo umano,
E progenie discende dal Ciel nuova.

Per te poeta fui, per te cristiano.
Ma perchè veggi me' ciò, ch'io disegno,
A colorar distenderò la mano.

— « Or, lorsque tu chantas cette guerre néfaste,
Source du double deuil qu'eut à pleurer Jocaste, »
Dit le chantre inspiré des buccoliques vers,

« A juger des accents de ta muse guerrière,
Tes yeux ne s'ouvraient pas encore à la lumière
De cette foi sans qui le bien même est pervers;

Et dès lors quel soleil ou quelle sainte étoile
A dissipé ta nuit et redressé ta voile
Pour la faire marcher après le bon pêcheur? »

Stace lui répondit: « C'est toi qui sur ta trace
M'abreuvas le premier aux grottes du Parnasse
Et qui fis, après Dieu, la lumière en mon cœur.

Tu fus un éclaireur qui porte par derrière
Un flambeau, sans pouvoir s'aider de sa lumière,
Mais illumine ceux qui marchent après lui.

N'as-tu pas dit: « Des temps l'ordre se renouvelle,
La justice revient, l'âge d'or avec elle,
Un sang nouveau du Ciel va descendre aujourd'hui (2) ? »

Par toi je fus chrétien comme je fus poëte;
Et pour t'en faire avoir une clarté plus nette,
Écoute: la couleur va se joindre au dessin.

Già era 'l mondo tutto quanto pregno
Della vera credenza, seminata
Per li Messaggi dell' eterno regno:

E la parola tua sopra toccata
Si consonava a' nuovi predicanti:
Ond'io a visitarli presi usata.

Vennermi poi parendo tanto santi,
Che quando Domizian li perseguette,
Senza mio lagrimar non fur lor pianti:

E mentre che di là per me si stette,
Io gli sovvenni, e lor dritti costumi
Fer dispregiare a me tutte altre sette,

E pria ch' io conducessi i Greci a' fiumi
Di Tebe poetando, ebb' io battesmo,
Ma per paura chiuso Cristian fùmi:

Lungamente mostrando paganesmo:
E questa tiepidezza il quarto cerchio
Cerchiar mi fe', più che 'l quarto centesmo:

Tu dunque, che levato hai 'l coperchio,
Che m' ascondeva quanto bene io dico,
Mentre che del salire avem soverchio,

La terre était déjà tout entière imprégnée
De la croyance vraie, en tous lieux enseignée
Par les saints messagers du royaume divin ;

Et ta prédiction que plus haut j'ai citée,
Aux nouveaux prédicants à merveille adaptée,
M'avait fait rechercher souvent leurs entretiens.

Dès lors leur sainteté m'apparut là si grande,
Qu'au jour où Domitien persécuta leur bande,
Leurs pleurs ne coulaient pas sans y mêler les miens.

Et tant que je le pus, dans mon séjour sur terre,
Je leur donnai secours : leur existence austère
Me fit prendre en mépris les sectes de l'erreur.

Et devant qu'aux remparts de Thèbe en mon poëme
J'eusse conduit les Grecs, je reçus le baptême ;
Mais la crainte me fit cacher la foi du cœur,

Et je restai longtemps païen en apparence :
Malheureuse tiédeur dont j'ai fait pénitence
Au quatrième cercle, errant quatre cents ans !

Toi donc, puisque par toi s'est soulevé le voile
Qui me cachait du bien la véritable étoile,
Dis, tandis qu'à monter il nous reste du temps,

Dimmi, dov' è Terenzio nostro amico,
Cecilio, Plauto, e Varro, se lo sai:
Dimmi, se son dannati, ed in qual vico.

Costoro, e Persio, ed io, ed altri assai,
Rispose 'l Duca mio, siam con quel Greco,
Che le Muse lattar, più ch' altro mai,

Nel primo cinghio del carcere cieco.
Spesse fiate ragioniam del monte,
C' ha le nutrici nostre sempre seco.

Euripide v' è nosco, e Anacreonte,
Simonide, Agatone, e altri piùe
Greci, che già di lauro ornar la fronte.

Quivi si veggon delle genti tue
Antigone, Deifile, ed Argia,
Ed Ismene sì trista, come fue.

Vedesi quella, che mostrò Langia:
Evvi la figlia di Tiresia, e Teti,
E con le suore sue Deidamia.

Tacevansi amendue già li poeti,
Di nuovo attenti a riguardare intorno,
Liberi dal salire e da' pareti:

Où sont, si tu le sais, notre antique Térence,

Plaute, Varron, Cécile, et s'ils sont en souffrance,

S'ils sont damnés, dis-moi dans quel pays d'Enfer? »

Mon guide répondit : « Ceux que tu dis, ces hommes,

Ainsi que Perse et moi, d'autres encor nous sommes

Avec ce Grec, l'enfant des Muses le plus cher (3),

Dans le premier pourtour des obscures carrières.

Souvent nous conversons des Muses nourricières

Et du mont consacré, leur séjour familier.

Avec nous sont de même Agathon, Simonide,

Le doux Anacréon, le tragique Euripide,

Bien d'autres Grecs encor, le front ceint de laurier.

On voit là plusieurs noms qu'illustra ton génie :

On y voit Antigone et Déiphile, Argie,

Ismène triste encor, tout autant que jadis,

Et celle qui montra la fontaine Langie (4),

Avec Déidamie à ses sœurs réunie,

Et de Tyrésias la fille avec Thétis. »

Cependant s'étaient tûs l'un et l'autre poëte

Et, du chemin pierreux ayant atteint le faîte,

Regardaient autour d'eux avec attention.

E già le quattro ancelle eran del giorno
Rimase addietro, e la quinta era al têmo,
Drizzando pure in su l' ardente corno,

Quando 'l mio Duca: Io credo, ch' allo stremo
Le destre spalle volger ci convegna,
Girando il monte, come far solemo.

Così l' usanza fu lì nostra insegna:
E prendemmo la via con men sospetto,
Per l' assentir di quell' anima degna.

Elli givan dinanzi, ed io soletto
Diretro, e ascoltava i lor sermoni,
Ch' a poetar mi davano intelletto.

Ma tosto ruppe le dolci ragioni
Un alber che trovammo, in mezza strada,
Con pomi ad odorar soavi e buoni.

E come abete in alto si digrada
Di ramo in ramo, così quello in giuso,
Cred' io perchè persona su non vada.

Dal lato, onde 'l cammin nostro era chiuso,
Cadea dall' alta roccia un liquor chiaro,
Ed si spandeva per le foglie suso.

Des suivantes du jour déjà la quatrième
En arrière est restée ; au timon la cinquième
Déjà poussait le char au haut de l'horizon,

Quand mon guide : « Je crois sur cette escarpe étroite
Qu'il nous faut derechef appuyer à main droite,
En contournant le mont tout comme auparavant. »

Notre maître fut donc ici l'expérience ;
Nous prîmes ce chemin avec plus d'assurance,
Le digne compagnon Stace nous approuvant.

Tous deux allaient devant, et moi seul en arrière
J'écoutais leurs discours tout remplis de lumière
Et de la poésie apprenais les secrets.

Soudain interrompit ce doux devis des âmes
Un arbre qu'au milieu du sentier nous trouvâmes,
Les rameaux ceints de fruits appétissants et frais.

Tels les rameaux du pin en montant s'amoindrissent,
Ceux-là tout au contraire en bas se rétrécissent,
Sans doute pour que nul ne tente d'y gravir.

Du côté du chemin que la montagne mure
Tombait du haut du roc une eau limpide et pure :
D'en haut sur le feuillage on la voyait jaillir.

Li duo poeti all' alber s' appressaro:
Ed una voce per entro le fronde
Gridò: Di questo cibo avrete caro:

Poi disse: Più pensava Maria, onde
Fosser le nozze orrevoli, ed intere,
Ch' alla sua bocca, ch' or per voi risponde:

E le Romane antiche per lor bere
Contente furon d' acqua: a Daniello
Dispregiò cibo, ed acquistò savere.

Lo secol primo, quant' oro fu bello:
Fe' savorose con fame le ghiande,
E nettare, per sete, ogni ruscello.

Mele e locuste furon le vivande,
Che nudriro 'l Batista nel deserto;
Perch' egli è glorioso, e tanto grande,

Quanto per l' Evangelio v' è aperto.

CHANT XXII.

De l'arbre s'approchait Stace ainsi que mon sage,
Quand une voix soudain à travers le feuillage
S'écria : « De ce fruit point tu ne mangeras ! »

Et puis elle ajouta : « La Vierge secourable
Voulait que le festin fût complet, honorable ;
A flatter son palais elle ne songeait pas (5).

L'eau contentait la soif des antiques Romaines ;
Daniel eut la science et la sagesse humaines
Pour avoir refusé les mets de Balthazar.

Aussi beau que l'or pur était le premier âge :
La faim rendait alors exquis le gland sauvage
Et la soif transformait les ruisseaux en nectar.

Sauterelles et miel, voilà la nourriture
Dont saint Jean au désert a vécu sans murmure ;
C'est pour cela qu'il est glorieux et si grand,

Comme, en lisant le saint Évangile, on l'apprend (6).

NOTES DU CHANT XXII.

(1)   *...Quid non mortalia pectora cogis*
    Auri sacra fames?
                             (*Énéide*, liv. III.)

(2) *Magnus ab integro sœclorum nascitur ordo,*
Jam redit et virgo, redeunt Saturnia regna,
Jam nova progenies cœlo demittitur alto.
                                      (*Eglogue*, IV.)

Dante suit l'opinion de saint Augustin en rapportant à la naissance de Jésus les vers de Virgile.

(3) Homère.

(4) Hypsipyle, dont il a déjà été question au chant XVIII de l'Enfer. Ayant été vendue par des corsaires à Lycurgue, roi de Némée, il l'avait chargée du soin de son fils. Un jour qu'elle le portait dans ses bras, elle rencontra Adraste, l'un des sept chefs, qui, pressé par la soif, la pria de lui indiquer une fontaine. Pendant le temps qu'elle lui montrait la fontaine Langie, l'enfant, qu'elle avait déposé par terre, fut mordu par un serpent.

(5) Aux noces de Cana.

(6) *Inter natos mulierum nullus major Joanne Baptistá.*

ARGUMENT DU CHANT XXIII.

Les voyageurs sont joints en route par une grande procession d'ombres hâves de gourmands qui psalmodient des psaumes en pleurant, et se sanctifient dans la faim et dans la soif. Dante reconnaît son ami et compatriote Forèse. Celui-ci dit qu'il doit à la vertu et aux prières de Nella, sa femme, d'avoir été admis au Purgatoire sans passer par les lieux d'attente, où les âmes, dont le repentir fut tardif, demeurent, avant d'entrer dans les cercles purificateurs, un temps égal à celui de leur vie. Il s'élève avec véhémence contre les vices et l'impudicité des dames de Florence. Dante se découvre à son ami et lui désigne son guide Virgile et son nouveau compagnon Stace.

CANTO VENTESIMO TERZO.

Mentre che gli occhi per la fronda verde
Ficcava io cosi, come far suole
Chi dietro all' uccellin sua vita perde:

Lo più che padre mi dicea: Figliole,
Vienne oramai, che 'l tempo, che c' è 'mposto,
Più utilmente compartir si vuole.

Io volsi 'l viso, e 'l passo non men tosto
Appresso a' savi, che parlavan sie,
Che l' andar mi facean di nullo costo:

Ed ecco piangere, cantar s' udìe,
Labia mea, Domine, per modo
Tal, che diletto e doglia parturie.

CHANT VINGT-TROISIÈME.

Comme je plongeais l'œil entre le vert branchage,
Avec l'attention du chasseur qui, peu sage,
A l'affût d'un oiseau demeure fourvoyé,

Celui qui m'était plus qu'un père disait : « Preste !
Viens maintenant, mon fils, car le temps qui nous reste
Doit plus utilement pour nous être employé. »

Je tournai le visage et le pied au plus vite
Vers les deux sages qui me faisaient la conduite
Et dont les doux devis m'abrégeaient le chemin.

Soudain des voix en pleurs chantent dans la carrière :
Labia Domine mea (1), d'une manière
Qui me fit à la fois et plaisir et chagrin.

O dolce Padre, che è quel, ch' i' odo?
Comincia' io: ed egli: Ombre, che vanno
Forse di lor dover solvendo 'l nodo.

Sì come i peregrin pensosi fanno,
Giugnendo per cammin gente non nota,
Che si volgono ad essa, e non ristanno:

Così diretro a noi più tosto mota
Venendo, e trapassando, ci ammirava
D' anime turba tacita e devota.

Negli occhi era ciascuna oscura e cava,
Pallida nella faccia, e tanto scema,
Che dall' ossa la pelle s' informava.

Non credo, che così a buccia strema
Erisiton si fusse fatto secco,
Per digiunar, quando più n' ebbe tema.

Io dicea, fra me stesso pensando: Ecco
La gente, che perdè Gerusalemme,
Quando Maria nel figlio diè di becco.

Parean l' occhiaie anella senza gemme.
Chi nel viso degli uomini legge *o mo*,
Bene avria quivi conosciuto l' emme.

CHANT XXIII.   93

« Qu'est-ce donc que j'entends, m'écriai-je, ô doux maître ? »
— « Ce sont, répondit-il, des ombres qui peut-être
Vont dénouant le nœud de leur dette envers Dieu. »

Comme des pèlerins qui pensifs en voyage
Et rencontrant des gens inconnus de visage,
Sans vouloir s'arrêter, se retournent un peu,

Ainsi derrière nous, mais avec diligence,
Une troupe d'esprits dans un pieux silence
Venait, nous regardait, et plus avant passait.

Ils avaient tous les yeux comme assombris et câves,
Des corps tout décharnés et des visages hâves
Où sur les os la peau livide se collait.

Je n'imagine pas qu'Érésichton lui-même (2),
Quand l'affre de la faim fut à son comble extrême,
A cet exténûment se vit réduit jadis.

Et, songeant à part moi : C'est ici, me disais-je,
La gent qui de Sion souffrit l'horrible siége,
Quand Maria mordit dans les chairs de son fils (3).

Le chaton vif manquait à leur orbite vaine.
Ceux qui lisent *o m o* sur la figure humaine
Auraient parfaitement distingué l'*m* ici (4).

Chi crederebbe, che l' odor d' un pomo
Sì governasse, generando brama,
E quel d' un' acqua, non sapendo como?

Già era in ammirar, che sì gli affama,
Per la cagione ancor non manifesta
Di lor magrezza, e di lor trista squama:

Ed ecco del profondo della testa
Volse a me gli occhi un' ombra, e guardò fiso,
Poi gridò forte: Qual grazia m' è questa?

Mai non l' avrei riconosciuto al viso:
Ma nella voce sua mi fu palese
Ciò, che l' aspetto in sè avea conquiso.

Questa favilla tutta mi raccese
Mia conoscenza alla cambiata labbia,
E ravvisai la faccia di Forese.

Deh non contendere all' asciutta scabbia,
Che mi scolora, pregava, la pelle,
Nè a diffetto di carne, ch' io abbia.

Ma dimmi 'l ver di te: e chi son quelle
Du' anime, che là ti fanno scorta:
Non rimaner, che tu non mi favelle.

Qui le croirait, à moins d'en pénétrer la cause,
Que le parfum d'un fruit qu'un peu d'eau fraîche arrose
Allume un tel désir et les consume ainsi!

En voyant leur maigreur, leur peau rêche et séchée,
Et la raison encor m'en demeurant cachée,
De cette horrible faim je cherchais le pourquoi.

Et voilà que, du fond de son crâne, hagarde
Une ombre sort les yeux et, fixe, me regarde
En s'écriant tout haut : « Quelle grâce pour moi ! »

Je ne l'aurais pas pu reconnaître au visage;
Mais, réparant des traits l'épouvantable outrage,
Ce que les traits cachaient, la voix le révéla.

Ce fut comme un éclair dont la vive lumière
Illumina pour moi la face tout entière,
Et je connus alors que Forèse était là (5).

« Las! ne regarde pas, priait-il, aux écailles
Qui de ma peau séchée ont corrodé les mailles,
A ces membres flétris où la chair fait défaut.

Dis-moi la vérité sur toi, je t'en supplie.
Quels sont ces deux esprits qui te font compagnie?
Ne me refuse pas, et me parle aussitôt! »

La faccia tua, ch' io lagrimai già morta,
Mi da di pianger mo non minor doglia,
Risposi lui, veggendola sì torta.

Però mi dì, per Dio, che sì vi sfoglia:
Non mi far dir, mentr' io mi maraviglio:
Chè mal può dir, chi è pien d' altra voglia.

Ed egli a me: Dell' eterno consiglio
Cade virtù nell' acqua, e nella pianta
Rimasa addietro, ond' io sì mi sottiglio.

Tutta esta gente, che piangendo canta,
Per seguitar la gola oltre misura,
In fame e 'n sete qui si rifà santa.

Di bere e di mangiar n' accende cura
L' odor, ch' esce del pomo e dello sprazzo,
Che si distende su per la verdura.

E non pure una volta questo spazzo
Girando, si rinfresca nostra pena:
Io dico pena, e dovria dir sollazzo:

Chè quella voglia all' arbore ci mena,
Che menò Cristo lieto a dire Elì,
Quando ne liberò con la sua vena.

— « Ton visage que j'ai pleuré mort, répondis-je,
Me donne encor sujet de pleurs, et je m'afflige
Ores que je te vois ainsi défiguré.

Pour Dieu donc apprends-moi ce qui tant vous épuise?
Ne me fais point parler au fort de la surprise :
Plein d'un autre souci, mal je te répondrai.

L'ombre alors: « Dans cette onde et cet arbre, dit-elle,
Que vous vîtes là-bas, la Sagesse éternelle
Epanche une vertu qui m'exténue ainsi.

Tout ce peuple qui chante et pleure en la carrière,
Pour avoir trop subi des sens la loi grossière,
Dans la faim et la soif se sanctifie ici.

Le besoin de manger et de boire s'allume
Par le parfum qui sort de ce fruit, par l'écume
De cette onde qu'on voit sur l'arbre vert jaillir.

Ce n'est pas une fois seulement qu'en l'arène
On tourne, et chaque fois se ravive la peine :
Je dis peine, et devrais plutôt dire : plaisir.

Car cet ardent désir qui vers l'arbre nous mène
Fit dire au Christ joyeux: *Éli!* quand de sa veine,
Pour délivrer le monde, un sang pur a coulé. »

Ed io a lui : Forese, da quel dì,
Nel qual mutasti mondo a miglior vita,
Cinqu' anni non son volti insino a qui.

Se prima fu la possa in te finita
Di peccar più, che sorvenisse l' ora
Del buon dolor, ch' a Dio ne rimarita,

Come se' tu quassù venuto? ancora
Io ti credea trovar laggiù di sotto,
Dove tempo per tempo si ristora.

Ed egli a me: Sì tosto m' ha condotto
A ber lo dolce assenzio de' martiri
La Nella mia col suo pianger dirotto.

Con suo' prieghi devoti, e con sospiri
Tratto m' ha della costa, ove s' aspetta,
E liberato m' ha degli altri giri.

Tant' è a Dio più cara e più diletta
La vedovella mia, che molto amai,
Quanto in bene operare è più soletta :

Che la Barbagia di Sardigna assai
Nelle femmine sue è più pudica
Che la Barbagia, dov' io la lasciai.

A mon tour je parlai : « Forèse ! depuis l'heure
Où tu nous as quittés pour la sphère meilleure,
L'espace de cinq ans s'est à peine écoulé.

Puisqu'en toi du péché la force était éteinte
Avant que ne survînt l'heure bénie et sainte
De la bonne douleur qui remarie à Dieu,

Comment es-tu déjà monté jusqu'à ce faîte ?
Là, plus bas, où le temps par le temps se rachète (6),
J'aurais cru te trouver plutôt qu'en ce haut lieu.

Et l'ombre à moi : « Ce fut Nella, s'il faut le dire,
Qui m'a valu la douce absinthe du martyre,
Grâce à ses pleurs brûlants dont le Ciel fut touché.

Les vœux et les soupirs sortis de son cœur tendre
M'ont tiré de la côte où l'on nous fait attendre,
Et des autres girons m'ont de même arraché.

Elle est à Dieu d'autant plus agréable et chère,
La pauvre veuve hélas ! que tant j'aimais sur terre,
Qu'elle seule aujourd'hui pratique la vertu.

Car la Barbagia de Sardaigne (7) a des femmes
Plus pudiques beaucoup et beaucoup moins infâmes
Que cette Barbagie où la laisser j'ai dû.

O dolce frate, che vuoi tu, ch' io dica?
Tempo futuro m' è già nel cospetto,
Cui non sarà quest' ora molto antica,

Nel qual sarà in pergamo interdetto
Alle sfacciate donne Fiorentine
L' andar mostrando con le poppe il petto.

Quai Barbare fur mai, quai Saracine,
Cui bisognasse, per farle ir coverte,
O spiritali, o altre discipline?

Ma se le svergognate fosser certe
Di quel che 'l Ciel veloce loro ammanna,
Già per urlar avrian le bocche aperte.

Chè se l' antiveder qui non m' inganna,
Prima fien triste, che le guance impeli
Colui, che mo si consola con nanna.

Deh, frate, or fa, che più non mi ti celi:
Vedi che non pur io, ma questa gente
Tutta rimira là dove 'l Sol veli.

Perch' io a lui: Se ti riduci a mente,
Qual fosti meco, e quale io teco fui;
Ancor fia grave il memorar presente.

O doux frère, veux-tu savoir ce que je pense?

Un temps arrivera, je le prévois d'avance

(De cette heure où je parle il est assez prochain),

Où du haut de la chaire il sera fait défense

A l'impudicité des femmes de Florence

D'aller en étalant et la gorge et le sein.

Aux femmes du Barbare ou bien de l'Infidèle

Fut-il jamais besoin de loi spirituelle

Qui les forçât d'aller couvertes décemment?

Ah! si pouvaient déjà savoir les réprouvées

Quelles foudres le Ciel sur elles tient levées,

Leurs bouches pour hurler s'ouvriraient grandement.

Car, si ma clairvoyance ici point ne m'abuse,

Avant qu'ait pu l'enfant que sa nourrice amuse

Prendre barbe au menton, dur sera leur réveil.

Mais ne te cèle pas plus longtemps à moi, frère!

Tu vois bien qu'avec moi cette gent tout entière

A les yeux où ton corps fait une ombre au soleil. »

A quoi je répondis : « Si ton cœur se rappelle

Quels nous fûmes tous deux sur la terre mortelle,

Le souvenir encor t'en paraîtra pesant.

Di quella vita mi volse costui,
Che mi va innanzi, l' altr' ier, quando tonda
Vi si mostrò la suora di colui:

E 'l Sol mostrai. Costui per la profonda
Notte menato m' ha da' veri morti
Con questa vera carne, che 'l seconda.

Indi m' han tratto su li suoi conforti,
Salendo, e rigirando la montagna,
Che drizza voi, che 'l mondo fece torti.

Tanto dice di farmi sua compagna,
Ch' io sarò là, dove fia Beatrice:
Quivi convien, che senza lui rimagna.

Virgilio è questi, che così mi dice:
E additailo: e quest' altr' è quell' ombra,
Per cui scosse dianzi ogni pendice

Lo vostro regno, che da sè la sgombra.

Cet homme devant moi m'a tiré de ce monde
Le jour d'avant-hier, quand apparaissait ronde
La sœur de ce flambeau qui rayonne à présent.

— Je montrai le soleil. — Cet homme là, cette ombre
M'a fait chez les vrais morts traverser la nuit sombre,
Et je le suis avec mon véritable corps.

Et de là jusqu'ici soutenu par son aide
J'ai monté, j'ai tourné cette montagne raide
Qui vous redresse, vous que le monde a fait tors.

J'aurai sa compagnie aimable et protectrice
Jusqu'à ce que je voie arriver Béatrice.
Alors il me faudra de lui me départir.

Le voici, c'est Virgile. — Et mon doigt le désigne. —
Et cet autre-ci, fis-je encor, c'est l'ombre digne
Pour qui vient de trembler si fort et retentir

Ce mont, votre royaume, en la laissant partir. »

NOTES DU CHANT XXIII.

(1) Premiers mots du psaume de David : *Domine, labia mea aperies, et os meum annuntiabit laudem tuam.*

(2) Érésichton avait abattu une forêt consacrée à Cérès. Il éprouva, par la vengeance de la déesse, une faim si furieuse qu'il finit par se dévorer lui-même.

(3) Femme juive qui, pendant le siége de Jérusalem, mangea son fils (Josèphe, *De bello judaico*).

(4) Le mot OMO (homme en italien), en plaçant les deux o entre les jambages de l'M, comme il suit, /o\/o\ représente, avec un peu de bonne volonté, le visage humain; les deux o figurant les yeux, les deux jambages latéraux de l'M figurant les joues et celui du milieu le nez. On aurait, dit-il, distingué l'M sur la figure hâve des ombres, c'est-à-dire le nez et les os saillants des joues, mais les yeux (les deux o) disparaissaient enfoncés dans l'orbite.

(5) Florentin de la famille des Donati, ami et parent du Dante, frère de la belle Piccarda qu'on retrouve au chant III du Paradis.

(6) Dans les lieux d'attente qui précèdent le Purgatoire, où ceux dont le repentir a été tardif restent un temps égal à celui de leur vie avant d'entrer dans les cercles expiatoires.

(7) Montagne de la Sardaigne, alors mal famée.

ARGUMENT DU CHANT XXIV.

Forèse indique à Dante divers pénitents, comme lui dans le cercle de la gourmandise, entre autres Buonagiunta, rimeur Lucquois, avec qui Dante s'entretient quelques instants de style et de poésie. Un nouvel arbre s'offre aux voyageurs. Une foule l'entoure et tend, vers les branches chargées de fruits, des mains impuissantes. Une voix sort de l'arbre et éloigne les âmes en leur rappelant, par des exemples, les funestes effets du péché de la bouche. Un ange éblouissant efface encore un stygmate de péché sur le front du Dante.

CANTO VENTESIMO QUARTO.

Nè 'l dir l' andar nè l' andar lui più lento
Facea: ma ragionando andavam forte,
Sì come nave pinta da buon vento.

E l' ombre, che parean cose rimorte,
Per le fosse degli occhi, ammirazione
Traean di me, del mio vivere accorte.

Ed io continuando 'l mio sermone
Dissi: Ella sen va su forse più tarda,
Che non farebbe, per l' altrui cagione.

Ma dimmi, se tu sai, dov' è Piccarda:
Dimmi, s' io veggio da notar persona
Tra questa gente, che sì mi riguarda.

CHANT VINGT-QUATRIÈME.

Les propos et les pas se suivaient sans se nuire,
Et parlant, nous allions toujours comme un navire
Qui fuit légèrement porté par un bon vent.

Et les morts qui semblaient deux fois morts, ombres hâves,
Exprimaient tous du fond de leurs orbites caves
Leur émerveillement de me savoir vivant.

Reprenant mon discours, je dis : « L'âme affranchie (1)
Sans doute veut jouir de notre compagnie,
Et, pour ce, vers le Ciel est plus lente à monter.

Mais, dis-moi, je te prie, où doncques est Piccarde?
Et parmi cette gent qui si fort me regarde,
Est-il quelqu'un, dis-moi, de célèbre à noter? »

La mia sorella, che tra bella e buona
Non so qual fosse più, trionfa lieta
Nell' alto Olimpo già di sua corona:

Sì disse prima, e poi: Qui non si vieta
Di nominar ciascun, da ch' è sì munta
Nostra sembianza via per la dieta.

Questi (e mostrò col dito) è Buonagiunta,
Buonagiunta da Lucca: e quella faccia
Di là da lui, più che l' altre trapunta,

Ebbe la santa Chiesa in le sue braccia:
Dal Torso fu, e purga per digiuno
L' anguille di Bolsena, e la vernaccia.

Molti altri mi mostrò ad uno ad uno:
E nel nomar parean tutti contenti,
Sì ch' io però non vidi un atto bruno.

Vidi per fame a vuoto usar li denti
Ubaldin dalla Pila, e Bonifazio,
Che pasturò col rocco molte genti.

Vidi Messer Marchese, ch' ebbe spazio
Già di bere a Forlì con men secchezza,
E sì fu tal, che non si sentì sazio.

« Dans l'Olympe, ma sœur, — je ne puis dire d'elle
Ce qu'elle fut le plus, ou de bonne ou de belle —
Déjà de ses vertus reçoit le joyeux prix. »

Ainsi répond d'abord Forèse, puis ajoute :
« On peut nommer ici chaque mort, sans nul doute :
Par l'abstinence, hélas, nos traits sont si flétris !

Ci, — le montrant du doigt — Buonagiunta lui-même,
Buonagiunta de Lucque, et cette face blême,
Ce pécheur près de lui, le plus maigre de tous,

Eut l'Église en ses bras : il était de Touraine.
Il jeûne pour ces bons pimperneaux de Bolsène
Qu'il faisait saintement cuire dans du vin doux (2). »

Forèse m'en montra de la sorte un grand nombre,
Et pas un à sa voix ne prit un air plus sombre :
De s'entendre nommer tous paraissaient contens.

Je vis mâchant à vide, et la faim sur la face,
Ubaldin de la Pile avec ce Boniface
Dont le rochet donnait pâture à tant de gens (3).

Je vis sir Marchese (4) lequel eut temps de boire
Autrefois à Forli ; sa gorge, on le peut croire
Était moins sèche alors, et rien ne suffisait.

7

Ma come fa chi guarda, e poi fa prezza
Più d' un che d' altro, fe' io a quel da Lucca,
Che più parea di me aver contezza.

Ei mormorava: e non so che Gentucca
Sentiva io, là ov' ei sentia la piaga
Della giustizia, che sì gli pilucca.

O anima, diss' io, che par' sì vaga
Di parlar meco, fa sì, ch' io t' intenda;
E te e me col tuo parlare appaga.

Femmina è nata, e non porta ancor benda,
Cominciò ei, che ti farà piacere
La mia città, come ch' uom la riprenda.

Tu te n' andrai con questo antivedere;
Se nel mio mormorar prendesti errore,
Dichiareranti ancor le cose vere.

Ma di', s' io veggio qui colui, che fuore
Trasse le nuove rime, cominciando,
Donne, ch' avete intelletto d' amore.

Ed io a lui: Io mi son un che, quando
Amore spira, noto, e a quel modo,
Ch' ei detta dentro, vo significando.

CHANT XXIV.

Mais comme fait celui qui d'abord examine,
Puis choisit, du Lucquois m'agréa mieux la mine,
Parce qu'il me sembla qu'il me reconnaissait.

J'entendais s'échapper comme un faible murmure
De sa bouche, instrument de sa juste torture :
« Gentucca! » disait-il, ou bien je ne sais quoi.

— « Chère âme qui parais brûler d'un désir tendre
De causer avec moi, cherche à te faire entendre,
Lui dis-je, et parle haut pour toi comme pour moi! »

Le Lucquois dit alors : « Il est né sur la terre
Une femme encore vierge et qui te rendra chère
Ma cité, que pourtant on s'efforce à noircir (5).

Cette prévision que je te donne est sûre,
Et si tu n'entends bien ce que je te murmure,
L'avenir tôt ou tard saura bien l'éclaircir (6).

Mais, dis-moi, n'es-tu pas, comme je me figure,
L'auteur des vers nouveaux dont voici l'ouverture :
Dames qui de l'amour avez en vous l'esprit! (7)

Je répondis : « Je suis quelqu'un qu'Amour inspire,
Je note ce qu'au fond de mon cœur il soupire,
Et sur son propre ton traduis ce qu'il me dit. »

O frate, issa vegg' io, diss' egli, il nodo,
Che 'l Notaio, e Guittone, e me ritenne
Di qua dal dolce stil nuovo, ch' i' odo.

Io veggio ben, come le vostre penne
Diretro al dittator sen vanno strette,
Che delle nostre certo non avvenne.

E qual più a gradire oltre si mette,
Non vede più dall' uno all' altro stilo :
E quasi contentato si tacette.

Come gli augei, che vernan verso 'l Nilo;
Alcuna volta di lor fanno schiera,
Poi volan più in fretta, e vanno in filo,

Così tutta la gente, che lì era,
Volgendo 'l viso, raffrettò suo passo,
E per magrezza, e per voler leggiera.

E come l' uom, che di trottare è lasso,
Lascia andar li compagni, e sì passeggia,
Fin che si sfoghi l' affollar del casso;

Sì lasciò trapassare la santa greggia
Forese, e dietro meco sen veniva
Dicendo : Quando fia ch' io ti riveggia ?

« Frère, à présent, je vois, fit-il, l'obstacle extrême

Qui maintint le notaire, et Guittone, et moi-même

Loin de la nouveauté de ce style enchanteur (8).

J'aperçois bien, comment vos plumes, à vous autres,

Suivent étroitement à l'inverse des nôtres

Le maître souverain, le grand inspirateur.

Qui veut le dépasser pour plaire davantage,

Ne sait plus distinguer le vrai du faux langage. »

Ceci dit, il se tut, paraissant satisfait.

Comme on voit des oiseaux, quand la saison de glace

Les chasse vers le Nil, par bandes dans l'espace

S'assembler, puis soudain défiler tout d'un trait :

Ainsi toute la gent, dans ces lieux réunie,

A détourné soudain la tête et s'est enfuie,

Légère de maigreur et d'ardeur tout autant.

Comme un coureur lassé qui vient de perdre haleine

Laisse ses compagnons aller tous, et ramène,

A petits pas, le souffle en son sein haletant :

Ainsi laissa passer le saint troupeau Forèse,

Et de loin avec moi le suivait tout à l'aise,

Disant : « De te revoir ore à quand le plaisir ? »

Non so, risposi lui, quant' io mi viva:
Ma già non fia 'l tornar mio tanto tosto,
Ch' io non sia col voler prima alla riva.

Perocchè 'l luogo, u' fui a viver posto,
Di giorno in giorno più di ben si spolpa,
E a trista ruina par disposto.

Or va, diss' ei, chè quei, che più n' ha colpa,
Vegg' io a coda d' una bestia tratto
Verso la valle, ove mai non si scolpa.

La bestia ad ogni passo va più ratto,
Crescendo sempre, infin ch' ella 'l percuote,
E lascia 'l corpo vilmente disfatto.

Non hanno molto a volger quelle ruote,
(E drizzò gli occhi al Ciel) ch' a te fia chiaro
Ciò, che 'l mio dir più dichiarar non puote.

Tu ti rimani omai, chè 'l tempo è caro
In questo regno sì, ch' io perdo troppo,
Venendo teco sì a paro a paro.

Qual esce alcuna volta di galoppo
Lo cavalier di schiera che cavalchi,
E va per farsi onor del primo intoppo,

CHANT XXIV.

Je répondis : « Combien je vivrai, je l'ignore;
Mais si prochainement que je revienne, encore
Serai-je devancé beaucoup par mon désir.

Car le lieu dans lequel j'eus la vie en partage,
De vertus tous les jours se vide davantage,
Et d'une triste fin il paraît menacé. »

— « Va, dit l'ombre, je vois de tous le plus coupable
Traîné par un cheval au val épouvantable
Où le péché jamais ne peut être effacé (9).

La bête va toujours, va toujours plus rapide,
Jusqu'à ce qu'elle laisse en sa course homicide
Le corps gisant brisé, méconnaissable, affreux.

Et puis, levant les yeux au Ciel : « Ces sphères pures
Tourneront peu, dit-il, devant que les augures,
Qu'il me faut te voiler, pour toi s'éclairent mieux.

Mais adieu maintenant, car dedans ce royaume
Le temps est précieux, ajouta le fantôme :
J'en perds trop à marcher côte à côte avec toi. »

Tel, des rangs d'une troupe à cheval qui s'avance,
Au galop quelquefois un cavalier s'élance
Pour se donner l'honneur d'engager le tournoi :

Tal si partì da noi con maggior valchi:
Ed io rimasi in via con esso i due,
Che fur del mondo sì gran maliscalchi.

E quando innanzi a noi sì entrato fue,
Che gli occhi miei si fero a lui seguaci,
Come la mente alle parole sue,

Parvermi i rami gravidi e vivaci
D'un altro pomo, e non molto lontani,
Per esser pure allora volto in làci.

Vidi gente sott'esso alzar le mani,
E gridar non so che verso le fronde,
Quasi bramosi fantolini e vani,

Che pregano, e 'l pregato non risponde:
Ma per fare esser ben lor voglia acuta,
Tien' alto lor disio, e nol nasconde.

Poi si partì, sì come ricreduta:
E noi venimmo al grande arbore, ad esso,
Che tanti prieghi e lagrime rifiuta.

Trapassate oltre, senza farvi presso:
Legno è più su, che fu morso da Eva,
E questa pianta sì levò da esso.

Tel Forèse de nous s'éloigne à pas rapides
Et me laisse en chemin près des deux nobles guides
Dont le monde a reçu de si grandes leçons.

Et lorsque loin de nous l'ombre se fut perdue,
De mon mieux la suivant de loin dans l'étendue,
Comme j'avais suivi ses révélations,

J'aperçus tout à coup, dans notre voisinage,
Un autre arbre visible alors, dont le branchage,
Plein de sève, pliait sous les fruits à plaisir.

Et des ombres, levant les mains et suppliantes,
Criaient je ne sais quoi vers les branches pliantes :
Tels de petits enfants ardés d'un vain désir,

On les laisse prier, et celui qui les tente,
Pour aiguiser encore leur convoitise ardente,
Agite en l'air l'amorce et l'étale à leurs yeux.

Semblant perdre l'espoir, s'éloignèrent les âmes;
Et nous, vers le grand arbre alors nous avançâmes
Où viennent échouer tant de pleurs et de vœux.

« Au large! éloignez-vous! plus loin là-haut s'élève
Le tronc du fruit auquel autrefois mordit Ève,
Ce plant que vous voyez n'en est qu'un rejeton. »

Sì tra le frasche non so chi diceva:
Perchè Virgilio e Stazio ed io ristretti
Oltre andavam dal lato, che si leva.

Ricordivi, dicea, de' maladetti
Ne' nuvoli formati, che satolli
Teseo combattêr co' doppi petti:

E degli Ebrei, che al ber si mostrar molli,
Per che non ebbe Gedeon compagni,
Quando inver Madián discese i colli.

Sì accostati all' un de' duo vivagni,
Passammo, udendo colpe della gola,
Seguite già da miseri guadagni.

Poi rallargati per la strada sola,
Ben mille passi e più ci portammo oltre,
Contemplando ciascun senza parola.

Che andate pensando sì voi sol tre,
Subita voce disse: ond' io mi scossi,
Come fan bestie spaventate e poltre.

Drizzai la testa per veder chi fossi,
E giammai non si videro in fornace
Vetri o metalli sì lucenti e rossi,

Ainsi dans la ramée une voix nous arrête:
Sur-le-champ, nous serrant de côté, le poëte
Virgile, Stace et moi, passons outre et montons.

« Songez à ces maudits, fils d'un nuage trouble,
Disait encor la voix, ces monstres à sein double,
Ivres les combattit Thésée, et les occit (10).

Songez à ces Hébreux, agenouillés pour boire,
Et qui ne purent pas prendre leur part de gloire,
Lorsque vers Madian Gédéon descendit (11). »

Ainsi, suivant le pic où notre épaule touche,
Nous passions, écoutant les péchés de la bouche
Qui jadis n'ont porté que des fruits de malheur.

Puis, reprenant le large, et tout seuls, loin des âmes,
Plus d'un millier de pas encor nous avançâmes,
Et chacun sans parler regardait tout rêveur.

« A quoi pensez-vous, seuls tous trois dans la carrière?»
Dit soudain une voix : je bondis en arrière,
Comme fait, quand il prend de l'ombrage, un cheval.

Et pour voir qui c'était, je lève un œil timide.
Jamais en fusion dans le brasier torride
On ne vit flamboyer le verre ou le métal

Com' io vidi un, che dicea: S' a voi piace
Montare in su, qui si convien dar volta:
Quinci si va, chi vuole andar per pace.

L' aspetto suo m' avea la vista tolta:
Perch' io mi volsi indietro a' miei dottori,
Com' uom, che va, secondo ch' egli ascolta.

E quale annunziatrice degli albori
L' aura di Maggio muovesi, ed olezza,
Tutta impregnata dall' erba e da' fiori;

Tal mi senti' un vento dar per mezza
La fronte: e ben senti' muover la piuma,
Che fe' sentir d' ambrosia orezza:

E senti' dir: Beati, cui alluma
Tanto di grazia, che l' amor del gusto
Nel petto lor troppo disir non fuma,

Esuriendo sempre, quanto è giusto.

Comme l'ange qui lors parut, face éclatante!

Et disant: « Tournez-là, si de monter vous tente,

Car c'est par là que vont ceux qui cherchent la paix! »

La vue, à son aspect, m'avait été ravie.

Comme un homme guidé seulement par l'ouïe,

Derrière mes docteurs à pas lents j'avançai.

Et telle, de l'aurore heureuse messagère,

Une brise de mai, parfumée et légère,

Soufflant toute imprégnée et d'herbes et de fleurs,

Tel sentis-je un doux vent passer sur mon visage;

Je sentis s'agiter le céleste plumage

Et s'épancher sur moi les divines odeurs.

Et la voix s'écriait: « Bienheureux ceux qu'enflamme

La grâce, qui la font dominer dans leur âme,

Aux trop fumeux désirs du goût n'accordent rien,

Et n'ont faim que selon la justice et le bien! »

NOTES DU CHANT XXIV.

(1) L'ombre affranchie, c'est-à-dire Stace qu'il vient de désigner.

(2) Le pape Martin IV de Tours, gastronome raffiné, noyait dans un certain petit vin blanc du pays de Sienne les anguilles du lac de Bolsène, petite ville située dans l'État romain.

(3) Boniface, évêque d'Imola.

(4) Le marquis de Rigogliosi, noble de Forli, grand buveur.

(5) Dante lui-même, au chant XXI de l'Enfer, a traité les Lucquois de fripons.

(6) Il est question ici d'une certaine Gentucca à qui Dante rendit des soins pendant son séjour à Lucques.

(7) *Canzone* du Dante dans la *Vita nuova*.

(8) Le notaire : un certain Jacobo de Lentino, notaire en même temps que poëte. Guittone d'Arrezzo, autre rimeur de cette école boursouflée, fausse et froide, qui faisait des vers amoureux où l'on ne sentait pas l'amour et que Dante attaque ici.

(9) Corso Donati, frère de Forèse et chef des Noirs. Il fut renversé de cheval et massacré dans les rues de Florence.

(10) Les Centaures, fils d'Ixion et de la Nue, s'étant enivrés aux noces de Pirithoüs et ayant voulu enlever son épouse, Thésée les battit et les immola.

(11) Gédéon voulant conduire dix mille hommes contre les Madianites, Dieu lui ordonna de choisir ceux qui ne se seraient pas agenouillés pour boire à la fontaine Arad, mais auraient bu dans leurs mains en se courbant seulement.

ARGUMENT DU CHANT XXV.

Tout en montant dans le septième et dernier cercle, celui où s'expient dans le feu les faiblesses de la chair, Dante, préoccupé de ce qu'il vient de voir, demande des explications à Virgile, qui charge Stace de les lui donner. Théorie physique et métaphysique de la génération, du développement successif de l'âme humaine et de sa transformation après la mort. Dans le dernier cercle où les poëtes sont parvenus, des flammes ardentes s'élèvent de toutes parts; à peine entre elles et le bord du précipice peuvent-ils trouver un passage. Les voix des luxurieux chantent, pour se mortifier au sein des flammes, l'éloge de la chasteté et rappellent d'anciens exemples de cette vertu.

CANTO VENTESIMO QUINTO.

Ora era, onde 'l salir non volea storpio,
Chè 'l Sole avea lo cerchio di merigge
Lasciato al Tauro, e la notte allo Scorpio.

Perchè come fa l' uom, che non s' affigge,
Ma vassi alla via sua, checchè gli appaia,
Se di bisogno stimolo il trafigge;

Così entrammo noi per la callaia,
Uno innanzi altro, prendendo la scala,
Che per artezza i salitor dispaia.

E quale il cicognin, che leva l' ala
Per voglia di volare, e non s' attenta
D' abbandonar lo nido, e giù la cala;

CHANT VINGT-CINQUIÈME.

L'heure était de gravir le mont d'un pied vivace,
Car sur le méridien avaient déjà fait place
Le soleil au Taureau, la nuit au Scorpion (1).

Comme un homme qui va poursuivant un voyage
Sans repos, sans que rien le retienne au passage,
De la nécessité s'il ressent l'aiguillon :

Ainsi par la trouée engagés à la file
Nous gravissions tous trois l'escalier difficile
Où l'on monte un par un en se dépariant.

Et tel un cigogneau qui soulève son aile,
Tenté de s'envoler dans l'air pur qui l'appelle,
Puis, craignant de quitter son nid, la repliant :

Tal' era io con voglia accesa e spenta
Di dimandar, venendo infino all' atto,
Che fa colui, ch' a dicer s' argomenta.

Non lasciò per andar, che fosse ratto,
Lo dolce padre mio, ma disse: Scocca
L' arco del dir, che 'nfino al ferro hai tratto.

Allor sicuramente aprii la bocca,
E cominciai: Come si può far magro,
Là dove l' uopo di nutrir non tocca?

Se t' ammentassi, come Meleagro
Si consumò al consumar d' un tizzo,
Non fora, disse, questo a te sì agro.

E, se pensassi come al vostro guizzo
Guizza dentro allo specchio vostra image,
Ciò che par duro, ti parrebbe vizzo.

Ma perchè dentro, a tuo voler t' adage,
Ecco qui Stazio: ed io lui chiamo e prego,
Che sia or sanator delle tue piage:

Se la vendetta eterna gli dislego,
Rispose Stazio, là dove tu sie,
Discolpi me non poter' io far niego.

CHANT XXV.

Tel je sentais en moi s'allumer et s'éteindre
Un désir de parler que je voulais contraindre :
La voix prête à sortir sur ma lèvre expirait.

Sans ralentir son pas sur la montée ardue :
« Ta langue comme un arc jusqu'au fer est tendue,
Fit le doux père, ainsi laisse partir le trait ! »

Alors j'ouvris la bouche avec plus d'assurance :
« Quand l'aliment n'est plus utile à la substance,
Comment peut-on maigrir et paraître épuisé ? »

— « Songe-s à Méléagre, à sa vie éphémère
Consumée au tison rallumé par sa mère (3) :
Le fait à concevoir sera moins malaisé.

Songe au miroir fidèle et qui rend sur l'image
La moindre inflexion du corps et du visage,
Et du mystère abstrus tu perceras le sein.

Mais, pour te contenter sans aucune équivoque,
Voici Stace : c'est lui que je quiers et j'invoque
Pour qu'il soit de ton doute ici le médecin. »

— « Si j'ose, toi présent, à son intelligence,
Répond Stace, expliquer l'éternelle vengeance,
Que mon excuse soit d'aimer à t'obéir !

Poi cominciò : Se le parole mie,
Figlio, la mente tua guarda e riceve,
Lume ti fieno al come, che tu die.

Sangue perfetto, che mai non si beve
Dall' assetate vene, e si rimane,
Quasi alimento, che di mensa leve,

Prende nel cuore a tutte membra umane
Virtute informativa, come quello,
Ch' a farsi quelle per le vene vàne.

Ancor digesto scende, ov' è più bello
Tacer, che dire : e quindi poscia geme
Sovr' altrui sangue, in natural vasello.

Ivi s' accoglie l' uno e l' altro insieme,
L' un disposto a patire, e l' altro a fare,
Per lo perfetto luogo, onde si preme :

E, giunto lui comincia ad operare,
Coagulando prima, e poi ravviva
Ciò che per sua materia fe' gestare.

Anima fatta la virtute attiva,
Qual d' una pianta, in tanto differente,
Che quest' è 'n via, e quella è già a riva;

Puis il me dit : « Mon fils, pour peu que tu m'écoutes
Et retiennes ce que je dirai, sur tes doutes
Tu verras à flots clairs la lumière jaillir.

Le sang pur qui n'est pas absorbé par les veines
Demeure à part ; ainsi sur des tables trop pleines
Se conservent intacts les reliefs d'un festin.

Ce sang prend dans le cœur la force informative
Pour aux membres humains donner leur forme vive,
Puis des veines il suit le conduit intestin :

Encore élaboré, descend dans une gorge
Qu'il sied ne pas nommer, et de là se dégorge
Sur le sang d'un autre être, en un vase vivant.

Là l'un et l'autre sang confondent leur substance,
L'un passif, l'autre actif et tirant sa puissance
De ce siège parfait du cœur qui le répand.

Le sang générateur son œuvre alors commence,
D'abord coagulant, et puis, par sa semence,
Vivifiant le fruit condensé seulement.

La force active alors devient âme et végète,
Plante inerte, excepté que la plante s'arrête
Et que l'âme poursuit son développement.

Tanto ovra poi, che già si muove e sente,
Come fungo marino: ed indi imprende
Ad organar le posse, ond' è semente.

Or si spiega, figliuolo, or si distende
La virtù, ch' è dal cuor del generante,
Dove natura a tutte membra intende.

Ma come d' animal divegna fante,
Non vedi tu ancor: quest' è tal punto,
Che più savio di te già fece errante,

Sì che per sua dottrina fe' disgiunto
Dall' anima il possibile intelletto,
Perchè da lui non vide organo assunto.

Apri alla verità, che viene, il petto,
E sappi, che sì tosto, come al feto
L' articolar del cerebro è perfetto,

Lo Motor primo a lui si volge lieto,
Sovra tanta arte di natura, e spira
Spirito nuovo di virtù repleto,

Che ciò, che truova attivo quivi, tira
In sua sustanzia, e fassi un' alma sola,
Che vive, e sente, e sè in sè rigira.

La voilà qui se meut, existence indécise,
Comme un fungus marin, et puis elle organise
Tous les sens virtuels qui dorment dans son sein.

Et tour à tour, mon fils, s'étend ou se replie
Cette force qui vient du cœur, foyer de vie,
D'où la nature veille à tout le corps humain.

Mais comme elle devient animal raisonnable,
Tu ne le vois encor: c'est un point redoutable
Où plus sage que toi s'est déjà fourvoyé.

Car il a séparé de notre âme sensible
Un autre entendement, un intellect possible,
N'y trouvant pas pour lui d'organe approprié (4).

Ouvre à la vérité ton cœur : qu'elle t'éclaire !
Sache que du cerveau lorsque l'articulaire
Se parachève à peine au crâne du fœtus,

L'universel moteur, se tournant plein de joie
Vers cet œuvre étonnant de la nature, envoie,
De son souffle, un esprit nouveau, plein de vertus.

Cet esprit sur-le-champ absorbe en sa substance
Ce qu'il trouve d'actif et crée à l'existence
L'être qui vit, qui sent, qui pense, une âme enfin!

E perchè meno ammiri la parola,
Guarda 'l calor del Sol, che si fa vino,
Giunto all' umor, che dalla vite cola.

E quando Lachesis non ha più lino,
Solvesi dalla carne, ed in virtute
Seco ne porta e l' umano, e 'l divino:

L' altre potenzie tutte quante mute,
Memoria, intelligenzia, e voluntade,
In atto molto più che prima acute.

Senza restarsi, per sè stessa cade
Mirabilmente all' una delle rive:
Quivi conosce prima le sue strade.

Tosto che luogo lì la circonscrive,
La virtù formativa raggia intorno,
Così e quanto nelle membra vive.

E come l' aere, quand' è ben piorno
Per l' altrui raggio, che 'n sè si riflette,
Di diversi color si mostra adorno;

Così l' aer vicin quivi si mette
In quella forma, che in lui suggella
Virtualmente l' alma, che riflette.

CHANT XXV.

Pour que de me comprendre il te soit plus facile,
Vois comme, jointe au jus que la vigne distille,
La chaleur du soleil se transforme en du vin.

Quand Lachésis n'a plus de lin sur sa quenouille,
L'âme prête à partir de la chair se dépouille,
Mais virtuellement emporte tous ses sens.

Parmi ses facultés beaucoup lors sont muettes,
D'autres contrairement s'exercent plus parfaites :
Mémoire, entendement, vouloir sont plus puissants.

L'âme sans s'arrêter, et d'elle-même, arrive,
Comme par un miracle, à l'une ou l'autre rive (5).
Là sa voie à ses yeux clairement apparaît.

Aussitôt que le lieu mérité l'emprisonne,
La force informative autour d'elle rayonne,
Comme alors qu'en son corps vivant elle habitait.

Et comme, lorsque l'air est bien chargé de pluie,
Aux rayons du soleil qui s'y joue et l'essuie,
De diverses couleurs il paraît enflammé :

Ainsi l'air ambiant à l'instant se modèle
Sur l'âme qui s'arrête, et, sur-le-champ, prend d'elle
Un relief par l'essence animique imprimé.

8

E simigliante poi alla fiammella,
Che segue 'l fuoco là 'vunque si muta,
Segue allo spirto sua forma novella.

Perocchè quindi ha poscia sua paruta,
È chiamata ombra: e quindi organa poi
Ciascun sentire insino alla veduta.

Quindi parliamo, e quindi ridiam noi:
Quindi facciam le lagrime e i sospiri,
Che per lo monte aver sentiti puoi.

Secondo che ci affiggon li disiri,
E gli altri affetti, l'ombra si figura:
E questa è la cagion, di che tu ammiri.

E già venuto all'ultima tortura
S'era per noi, e volto alla man destra,
Ed eravamo attenti ad altra cura.

Quivi la ripa fiamma in fuor balestra:
E la cornice spira fiato in suso,
Che la riflette, e via da lei sequestra:

Onde ir ne convenia dal lato schiuso
Ad uno ad uno: ed io temeva 'l fuoco
Quinci, e quindi temeva il cader giuso.

Et comme où va le feu suit aussitôt la flamme,
Ainsi pareillement où que se porte l'âme,
Va sa forme nouvelle et la suit en tous lieux.

Parce que de sa forme elle tire apparence,
Elle est appelée ombre; et puis elle commence
A reformer ses sens, jusqu'à celui des yeux.

L'âme alors peut sentir, alors elle peut rire,
Elle exhale des pleurs et gémit et soupire,
Ainsi que sur le mont tu vis faire aux esprits.

Selon que nous émeut telle ou telle souffrance,
L'ombre prend tour à tour telle ou telle apparence;
De là cette maigreur dont tu semblais surpris(6). »

Déjà nous arrivions en tournant à main droite
A l'ultième torture, et sur la rampe étroite
Un spectacle nouveau nous absorba soudain.

Ici l'escarpement darde une flamme vive :
Du bord extérieur monte une bise active
Qui la fait rebrousser en deçà du chemin.

Il nous fallait longer ce chemin peu propice,
Un par un, en suivant le bord du précipice,
Ici craignant l'abîme, et là craignant le feu.

Lo Duca mio dicea: Per questo loco
Si vuol tenere agli occhi stretto 'l freno,
Perocch' errar potrebbesi per poco.

Summæ Deus clementiæ, nel seno
Del grand' ardore allora udi' cantando,
Che di volger mi fe' caler non meno.

E vidi spirti per la fiamma andando:
Perch' io guardava a i loro e a' miei passi,
Compartendo la vista a quando a quando.

Appresso 'l fine, ch' a quell' inno fassi,
Gridavano alto: *Virum non cognosco:*
Indi ricominciavan l' inno bassi.

Finitolo anche, gridavano: Al bosco
Corse Diana, ed Elice caccionne,
Che di Venere avea sentito 'l tosco.

Indi al cantar tornavano: indi donne
Gridavano, mariti, che fur casti,
Come virtute e matrimonio imponne.

E questo modo credo, che lor basti
Per tutto 'l tempo, che 'l fuoco gli abbrucia;
Con tal cura conviene e con tai pasti,

Che la piaga dassezzo si ricucia.

« Il faut à ses deux yeux, me disait mon bon guide,
Plus attentivement tenir ici la bride,
Car on y court danger de se perdre pour peu. »

Summæ clementiæ Deus (7)! J'ouis des âmes
Qui chantaient ce cantique au sein des grandes flammes,
Ce qui de me tourner me donna grande ardeur.

Et je vis des esprits marcher dans la fournaise ;
Mes yeux, se partageant sur l'abrupte falaise,
Se portaient tour à tour de ma route à la leur.

Le cantique fini, tout en suivant les flammes :
Virum non cognosco (8), s'exclamèrent les âmes,
Et de recommencer plus bas leur oremus.

Puis de crier encor toutes ensemble : Diane
Chassa de ses forêts Hélice la profane,
Après qu'elle eut goûté du poison de Vénus.

Et de reprendre l'hymne, et de dire les fastes
Des femmes, des époux qui demeurèrent chastes,
Fidèles observants du lien conjugal.

Et ce mode alterné sans trêve se prolonge
Aussi longtemps, je crois, que le feu qui les ronge ;
C'est par cet exercice et ce baume moral

Que se ferme à la fin la blessure du mal.

NOTES DU CHANT XXV.

(1) C'est-à-dire que le soleil marquait deux heures de l'après-midi.

(2) Comment des âmes qui n'ont aucun besoin de se nourrir peuvent-elles éprouver la maigreur et la faim ? demande Dante. Stace, invité par Virgile, va entreprendre de le lui expliquer.

(3) La vie de Méléagre, par une loi fatale, se consumait à mesure que brûlait un tison. Ce tison, retiré d'abord du feu et caché par la mère du nouveau-né, fut plus tard rejeté par elle dans les flammes pour venger deux de ses frères tués par Méléagre.

(4) Le philosophe dont il est question ici est Averroës, le commentateur d'Aristote. Il plaçait en dehors de l'âme et au-dessus d'elle *l'intellect possible*, pour parler comme Dante le langage de la scolastique, c'est-à-dire l'entendement essentiel ou, si l'on veut, l'intelligence contenant les idées en puissance indépendamment de toute forme intelligible.

(5) La rive où Caron prend les damnés, ou le port d'Ostie où un ange recueille dans sa barque ceux qui vont au Purgatoire.

(6) Sur ces explications de Stace, Ginguené a dit avec justesse, et sans aller jusqu'à l'exagération des Italiens qui trouvent que Dante se montre ici grand médecin et sublime philosophe : « Sa théorie sur la partie du sang destiné à la reproduction de l'homme, sur cette reproduction, sur la formation de l'âme végétative, puis sensitive dans l'enfant avant sa naissance, sur son développement lorsqu'il est né, sur ce que devient cette âme après la mort, emportant avec elle dans l'air qui l'environne une empreinte et comme une image du corps qu'elle animait sur la terre : tout cela n'est ni d'une bonne physique, ni d'une métaphysique saine ; mais dans ce morceau de plus de soixante vers, on peut, comme dans plusieurs morceaux de *Lucrèce*, admirer la force de l'expression, la poésie du style et l'art de rendre avec clarté en beaux vers les détails les plus difficiles d'une mauvaise philosophie et d'une physique pleine d'erreurs. » (*Histoire littéraire de l'Italie.*)

(7) Commencement de l'hymne des matines du samedi : on y demande à Dieu le don de pureté.

(8) Je ne connais pas d'homme : paroles de la Vierge à l'archange (Luc., 1).

ARGUMENT DU CHANT XXVI.

En poursuivant sa route à travers le septième cercle, Dante aperçoit une autre bande de luxurieux : sodomites et autres qui s'entre-baisent en se rencontrant dans les flammes. Guido Guinicelli, poëte bolonais, se nomme à Dante et lui montre Arnaut Daniel, poëte provençal, qui, interrogé par Dante, lui répond en vers provençaux.

CANTO VENTESIMO SESTO.

Mentre che si per l'orlo, un innanzi altro,
Ce n' andavamo, spesso 'l buon Maestro
Diceva: Guarda, giovi, ch' io ti scaltro.

Feriami 'l Sole in su l' omero destro,
Che già raggiando tutto l' occidente
Mutava in bianco aspetto di cilestro:

Ed io facea con l'ombra più rovente
Parer la fiamma; e pure a tanto indizio
Vidi molt' ombre andando poner mente.

Questa fu la cagion, che diede inizio
Loro a parlar di me: e cominciarsi
A dir: Colui non par corpo fittizio.

CHANT VINGT-SIXIÈME.

Comme, le long du bord, et côtoyant le vide,
L'un devant l'autre ainsi nous allions, le bon guide :
« Tiens-toi, je t'en préviens, » disait-il par moment.

A droite le soleil me frappait ; sa lumière
Déjà sur l'occident rayonnait tout entière
Et changeait en blancheur l'azur du firmament.

Plus rouges sous mon ombre apparaissaient les flammes,
Et, d'un tel phénomène, un bon nombre des âmes,
En passant devant moi, paraissaient s'émouvoir :

D'où je fus un sujet de parler pour icelles
Qui se prirent à dire en conversant entre elles :
« Ce corps n'est pas factice ainsi qu'on le peut voir. »

Poi verso me, quanto potevan farsi,
Certi si feron, sempre con riguardo
Di non uscir, dove non fossero arsi.

O tu, che vai, non per esser più tardo,
Ma forse reverente, agli altri dopo,
Rispondi a me, che 'n sete ed in fuoco ardo.

Nè solo a me la tua risposta è uopo:
Chè tutti questi n' hanno maggior sete,
Che d' acqua fredda Indo, o Etiopo.

Dinne, com' è, che fai di te parete
Al Sol, come se tu non fossi ancora
Di morte entrato dentro della rete:

Sì mi parlava un d' essi: ed io mi fora
Già manifesto, s' io non fossi atteso
Ad altra novità, ch' apparse allora;

Che per lo mezzo del cammino acceso,
Venne gente col viso incontro a questa,
La qual mi fece a rimirar sospeso.

Là veggio d' ogni parte farsi presta
Ciascun' ombra, e baciarsi una con una
Senza restar, contente a breve festa:

Puis la bande vers moi s'avance et me regarde
Autant qu'elle pouvait, toujours en prenant garde
De ne point dépasser le brasier enflammé.

— « O toi qui vas après les autres sur la route,
Non que tu sois plus lent, mais par respect, sans doute,
Réponds : je suis de flamme et de soif consumé.

Ce n'est pas à moi seul que ta réponse importe;
Tous ceux-ci de t'ouïr ont une soif plus forte
Que celle qu'a pour l'eau l'Indien altéré.

Dis-nous comme il se fait qu'ainsi ton corps s'en aille,
Opposant aux rayons du jour une muraille :
Dans les rêts de la mort n'es-tu donc pas entré? »

Ainsi parle un esprit : j'allais le satisfaire,
Si je ne m'étais pas soudain laissé distraire
Par autre nouveauté qui lors vint m'attirer.

Traversant le brasier au sein de la carrière,
Une autre gent, le front tourné vers la première,
Venait; je m'arrêtai pour la considérer.

Lors, je vis des deux parts s'avancer empressée
Chaque âme, se tenir un instant embrassée
Et, le baiser donné, poursuivre son chemin.

Così per entro loro schiera bruna
S'ammusa l'una con l'altra formica,
Forse a spiar lor via o lor fortuna.

Tosto che parton l'accoglienza amica,
Prima che 'l primo passo lì trascorra,
Sopragridar ciascuna s'affatica,

La nuova gente: Soddoma e Gomorra;
E l'altra: Nella vacca entrò Pasife,
Perchè 'l torello a sua lussuria corra.

Poi come gru, ch'alle montagne Rife
Volasser parte, e parte inver l'arene,
Queste del giel, quelle del Sole schife;

L'una gente sen va, l'altra sen viene,
E tornan lagrimando a' primi canti,
E al gridar, che più lor si conviene:

E raccostârsi a me, come davanti,
Essi medesmi, che m'avean pregato,
Attenti ad ascoltar ne' lor sembianti:

Io, che due volte avea visto lor grato,
Incominciai: O anime sicure
D'aver, quando che sia, di pace stato,

CHANT XXVI.

Ainsi, quand des fourmis l'escadron brun voyage,
Maintes vont se croisant bec à bec au passage,
S'enquérant de la voie à suivre ou du butin :

Le doux accueil à peine est achevé, que toutes,
Avant de s'engager dans leurs diverses routes,
Se mettent à crier ensemble à qui mieux mieux.

Les dernières clamaient : « O Sodome, ô Gomorrhe ! »
Les autres : « Pasiphé prit une peau de taure
Pour sentir du taureau l'assaut luxurieux. »

Puis, comme des oiseaux divisés dans l'espace,
Tels fuyant le soleil, et tels fuyant la glace,
Volent qui vers le sud, et qui vers l'aquilon :

Une troupe s'en va, l'autre vient ; les lubriques
Retournent en pleurant à leurs premiers cantiques
Et reprennent le cri qui leur sert de leçon.

Et comme auparavant de moi se rapprochèrent
Les mêmes qui d'abord de parler me prièrent ;
La curiosité se lisait dans leurs traits.

Ainsi sollicité derechef, je commence :
« Ames, leur dis-je, ô vous qui faites pénitence,
Certaines tôt ou tard d'arriver à la paix !

Non son rimase acerbe, nè mature
Le membra mie di là, ma son qui meco,
Col sangue suo, e con le sue giunture.

Quinci su vo, per non esser più cieco:
Donna è di sopra, che n' acquista grazia,
Per che 'l mortal pel vostro mondo reco.

Ma se la vostra maggior voglia sazia
Tosto divegna, sì che 'l Ciel v'alberghi,
Ch' è pien d' amore, e più ampio si spazia,

Ditemi, acciocchè ancor carte ne verghi,
Chi siete voi, e chi è quella turba,
Che se ne va diretro a' vostri terghi?

Non altrimenti stupido si turba
Lo montanaro, e rimirando ammuta,
Quando rozzo e salvatico s' inurba,

Che ciascun' ombra fece in sua paruta:
Ma poichè furon di stupore scarche,
Lo qual negli alti cuor tosto s' attuta;

Beato te, che delle nostre marche,
Ricominciò colei, che pria ne chiese,
Per viver meglio esperienza imbarche.

CHANT XXVI.

Mon corps n'est pas resté jeune ou vieux sur la terre :
Avec moi je l'apporte, et dedans votre sphère
Je viens avec ma chair, mes membres et mon sang.

Je monte pour voir clair avant que je trépasse.
Une dame là-haut pour moi conquit la grâce
De traverser ainsi ce monde tout vivant.

Mais contentez mes vœux, et Dieu comble les vôtres !
Que le Ciel plein d'amour qui contient tous les autres
Vous reçoive bientôt dans ses divins pourpris !

Dites, que je l'inscrive aussi dans mon poëme,
Quels hommes êtes-vous ? et dites-moi de même
Quelle est derrière vous cette troupe d'esprits. »

Tel, quand le montagnard de son désert tranquille,
Pour la première fois descend dans une ville,
Il demeure ébahi, muet d'étonnement :

Telles en m'écoutant les ombres semblaient faire ;
Mais secouant bientôt cette stupeur vulgaire
Qui dedans les grands cœurs ne dure qu'un moment :

« Bienheureux toi qui viens dans ces lieux où l'on pleure,
Dit celle qui m'avait questionné tout à l'heure,
Pour t'instruire à nos maux en l'art de vivre mieux !

La gente, che non vien con noi, offese
Di ciò, perchè già Cesar trionfando,
Regina contra sè chiamar s' intese:

Però si parton, Soddoma gridando,
Rimproverando a sè, com' hai udito,
Ed aiutan l' arsura, vergognando.

Nostro peccato fu Ermafrodito;
Ma perchè non servammo umana legge,
Seguendo, come bestie, l' appetito,

In obbrobrio di noi, per noi si legge,
Quando partiamci, il nome di colei,
Che s' imbestiò nelle 'mbestiate schegge.

Or sai nostri atti, e di che fummo rei:
Se forse a nome vuoi saper chi semo,
Tempo non è da dire, e non saprei.

Farotti ben di me volere scemo:
Son Guido Guinicelli, e già mi purgo,
Per ben dolermi, prima ch' allo stremo.

Quali nella tristizia di Licurgo
Si fer duo figli a riveder la madre,
Tal mi fec' io, ma non a tanto insurgo,

Cette gent que le feu derrière nous entraîne
A commis le péché qui fit du nom de *reine*
Injurier jadis César victorieux(1).

C'est pourquoi tu l'entends qui s'éloigne confuse ;
Par le cri de Sodome elle-même s'accuse,
Et le feu de la honte ajoute au feu qui luit.

Nous à la fois en homme et femme nous péchâmes ;
Mais pour ce que les lois humaines transgressâmes,
Comme des animaux suivant notre appétit,

Il nous faut rappeler pour notre ignominie,
Quand nous nous séparons, cette femme abrutie
Qui fit un corps de bête à son brutal désir.

Maintenant tu connais nos torts ; que si, peut-être,
Chacun par notre nom tu voulais nous connaître,
Je ne puis t'exaucer : je n'en ai le loisir.

Guido Guinicelli fut le mien dans la vie,
Et mon âme en ces lieux déjà se purifie
Pour ce qu'avant la mort je fus bien repentant. »

Lorsque Lycurgue allait assouvir sa colère,
Le transport des deux fils en revoyant leur mère(2),
Je l'éprouvai, comme eux sans m'élancer pourtant,

Quando i' udi nomar sè stesso, il padre
Mio, e degli altri miei miglior, che mai
Rime d' amor usar dolci e leggiadre:

E senza udire e dir pensoso andai
Lunga fiata, rimirando lui,
Nè per lo fuoco in là più m' appressai.

Poichè di riguardar pasciuto fui,
Tutto m' offersi pronto al suo servigio,
Con l' affermar, che fa credere altrui.

Ed egli a me: Tu lasci tal vestigio,
Per quel ch' i' odo, in me, e tanto chiaro,
Che Letè nol può torre, nè far bigio.

Ma se le tue parole or ver giuraro,
Dimmi, che è cagìon, perchè dimostri
Nel dire, e nel guardar d' avermi caro?

Ed io a lui: Li dolci detti vostri,
Che, quanto durerà l' uso moderno,
Faranno cari ancora i loro inchiostri.

O frate, disse, questi, ch' io ti scerno
Col dito (e additò uno spirto innanzi),
Fu miglior fabbro del parlar materno:

Quand j'ouïs se nommer et mon père et le père
De plus dignes encor que moi, qui, sur la terre,
Célébrèrent amour en vers gentils et doux.

Et je marchais pensif, sans parler, sans entendre,
Le contemplant longtemps d'un œil avide et tendre;
Et le feu seulement s'élevait entre nous.

Quand de le regarder j'eus bien fait mon délice,
Tout entier je me mis de cœur à son service,
Appuyant de serments la protestation.

« Les discours que tu tiens, me dit l'ombre plaintive,
Laisseront dans mon cœur une trace bien vive;
Le Léthé n'en pourrait ternir l'impression;

Mais, si ce que tu dis est vrai, daigne m'apprendre
Ce qui peut me valoir ce sentiment si tendre
Que révèlent ensemble et ta voix et tes yeux.

Et moi: « Vos doux écrits, répondis-je au fantôme,
Qui, tant que durera le moderne idiome,
Rendront vos manuscrits à jamais précieux. »

— « Frère, dit-il, celui qui marche dans la flamme
Là devant, et du doigt il m'indiquait une âme,
Sut forger mieux que moi le parler maternel.

Versi d'amore, e prose di romanzi
Soverchiò tutti: e lascia dir gli stolti,
Che quel di Limosi credon ch' avanzi:

A voce più, ch' al ver, drizzan li volti,
E così ferman sua opinione,
Prima' ch' arte o ragion per lor s' ascolti.

Così fer molti antichi di Guittone,
Di grido in grido, per lui dando pregio,
Fin che 'l ha vinto 'l ver con più persone.

Or se tu hai sì ampio privilegio,
Che licito ti sia l' andare al chiostro,
Nel quale è Cristo abate del collegio,

Fagli per me un dir di pater nostro,
Quanto bisogna a noi di questo mondo,
Ove poter peccar non è più nostro.

Poi forse per dar luogo altrui, secondo
Che presso avea, disparve per lo fuoco,
Come per l' acqua il pesce andando al fondo.

Io mi feci al mostrato innanzi un poco,
E dissi ch' al suo nome il mio desire
Apparecchiava grazioso loco:

En prose de roman, en vers d'amour, sa lyre
Se montra sans rivale, et laisse les sots dire
Que Borneuil de Limoge a dépassé Daniel!

Plus qu'à la vérité, c'est au bruit qu'ils se fient;
Devant que la raison et l'art le modifient,
Ils règlent leur banal jugement d'après lui.

De Guittone (3) autrefois la victoire acceptée,
De bouche en bouche ainsi volait incontestée :
Le vrai gagne des voix et triomphe aujourd'hui.

Or, si le Ciel t'a fait ce rare privilége,
Que du beau monastère où l'abbé du collége
Est le Christ, tout vivant tu puisses t'approcher,

Récite-lui pour moi le Pater, la partie
Dont nous avons besoin du moins dans cette vie
Où nous avons perdu le pouvoir de pécher (4). »

Puis, comme pour laisser à son voisin la place,
L'esprit dedans le feu disparaît et s'efface
Comme un poisson dans l'onde au fond se laisse aller.

De l'ombre qu'en avant Guide m'avait montrée,
Lors j'approche, et je dis à cette âme illustrée
Quel vif désir j'avais de l'entendre parler.

9.

Ei cominciò liberamente a dire :

Tan m' abellis vostre cortes deman,
Ch' ieu non me puesc, ni m voil a vos cobrire;

Jeu sui Arnautz, che plor e vai cantan;
Consiros vei la passada follor
Et vei jauzen lo joi qu' esper denan;

Aras vos prec, per aquella valor
Che us guida al som sens freich e sens calina,
Sovegna vos atenprar ma dolor,

Poi s' ascose nel fuoco, che gli affina.

CHANT XXVI.

Et gracieusement l'ombre se prit à dire :

Tan m' abellis vostre cortes deman (5),
Ch' ieu non me puesc, ni m voil a vos cobrire;

Jeu sui Arnautz, che plor e vai cantan;
Consiros vei la passada follor
Et vei jauzen lo joi qu' esper denan;

Aras vos prec, per aquella valor
Che us guida al som sens freich e sens calina,
Sovegna vos atenprar ma dolor,

Puis il plonge en la flamme où le plomb devient or.

NOTES DU CHANT XXVI.

(1) Les soldats qui suivaient le char de triomphe de César, vainqueur des Gaules, rappelaient, au dire de Suétone, ses débauches à la cour de Nicomède, roi de Bithynie : *Ecce Cæsar nunc triumphat qui subegit Gallias, Nicomedes non triumphat, qui subegit Cæsarem* : Voici César qui triomphe pour ce qu'il a soumis les Gaules, et Nicomède ne triomphe pas, lui qui a soumis César. (Voir Suétone, *Vie de Jules César*, chap. XLVII.)

(2) Dante éprouve, en se trouvant en face du poëte bolonais, le transport de joie de Thoas et Eumène en retrouvant leur mère au moment où Lycurgue allait venger sur elle la perte d'Archémore. (Voir chant XXII à la note.)

(3) Guittone d'Arezzo, auteur des *Rimes*, qui furent populaires à l'origine de la poésie italienne en langue vulgaire.

(4) C'est-à-dire qu'il peut (s'il a peur de se fatiguer) se dispen   de la fin qui se rapporte aux tentatives du démon.

(5) Voici le sens de ces vers qui ne sont plus italiens, mais provençaux. A moins de posséder le beau patois de Jasmin, je ne devais pas les traduire dans mon texte pour conserver l'intention du Dante, qui semble vouloir rendre hommage par ce petit morceau à ses maîtres, les troubadours de Provence :

« Tant me plaît votre courtoise demande que je ne puis ni ne veux me déguiser à vous. Je suis Arnaut qui pleure et vais chantant ; avec chagrin je vois ma folie passée, je vois joyeux le bonheur que j'attends demain. Maintenant, je vous en prie, par cette vertu qui vous guide au sommet sans chaleur et sans froid, souvenez-vous d'adoucir ma douleur. »

ARGUMENT DU CHANT XXVII.

Pour aller plus loin, Dante est obligé de traverser les flammes. Virgile l'encourage en lui assurant que ce feu purificateur est le seul obstacle qui le sépare de Béatrice. Guidés par une voix, Dante, Virgile et Stace sortent de la fournaise et gravissent au coucher du soleil un escalier raide sur les degrés duquel ils finissent par se coucher et s'endormir. Vision du Dante. A son réveil, Virgile, sans encore le quitter, lui annonce qu'il n'a plus besoin d'être guidé.

CANTO VENTESIMO SETTIMO.

Sì come, quando i primi raggi vibra,
Là dove 'l suo Fattore il sangue sparse,
Cadendo Ibero sotto l' alta Libra,

E 'n l' onde in Gange di nuovo riarse,
Si stava il Sole, onde 'l giorno sen giva,
Quando l' Angel di Dio lieto ci apparse.

Fuor della fiamma stava in su la riva,
E cantava: *Beati mundo corde*,
In voce assai più che la nostra viva:

Poscia: Più non si va, se pria non morde,
Anime sante, il fuoco: entrate in esso,
Ed al cantar di là non siate sorde.

CHANT VINGT-SEPTIÈME.

Le soleil commençait à luire en l'hémisphère
Où de son Créateur le sang rougit la terre;
Sous la Balance alors l'Ebre s'obscurcissant,

Aux ardeurs de midi s'embrasait l'eau du Gange.
Ainsi pour nous le jour baissait, quand un autre ange
S'offrit à nous joyeux et tout resplendissant.

Il se tenait au bord, en dehors de la flamme,
Et chantait: «Bienheureux les cœurs purs!» (1) et sa gamme
De notre humaine voix surpassait les éclats.

Ensuite: «Pour aller plus loin, âmes pieuses!
Il faut au feu passer: entrez-y courageuses,
Et prêtez bien l'oreille à ces chants de là-bas!»

Si disse, come noi gli fummo presso:
Per ch' io divenni tal, quando lo 'ntesi,
Quale è colui, che nella fossa è messo.

In su le man commesse mi protesi,
Guardando 'l fuoco, e immaginando forte
Umani corpi già veduti accesi.

Volsersi verso me le buone scorte:
E Virgilio mi disse: Figliuol mio,
Qui puote esser tormento, ma non morte.

Ricordati, ricordati... e, se io
Sovr' esso Gerion ti guidai salvo,
Che farò or, che son più presso a Dio?

Credi per certo, che se dentro all' alvo
Di questa fiamma stessi ben mill' anni,
Non ti potrebbe far d'un capel calvo.

E se tu credi forse, ch' io t' inganni,
Fatti ver lei, e fatti far credenza
Con le tue mani al lembo de' tuo' panni.

Pon giù omai, pon giù ogni temenza:
Voltigi 'n qua, e vieni oltre sicuro:
Ed io pur fermo, e contra coscïenza.

CHANT XXVII.

Ainsi, quand près de lui nous fûmes, clama l'ange.
En entendant ces mots, mon front pâlit et change;
Je deviens comme un mort qu'en sa fosse on descend.

Je me raidis, les mains jointes, l'œil sur la flamme,
Et me représentant, dans l'effroi de mon âme,
Des gens que j'avais vus sur un bûcher récent.

Mes bons guides vers moi se retournent ensemble,
Et Virgile me dit : « Mon cher fils, point ne tremble!
On connaît la souffrance ici, non le trépas.

Souviens-toi, souviens-toi! si je t'ai, sans encombre,
Guidé sur Géryon, dans le royaume sombre,
Ore plus près de Dieu que ne ferai-je pas?

Crois bien que fusses-tu plongé dans cette braise
Pendant un millier d'ans, au cœur de la fournaise,
Tu n'en sortirais pas plus chauve d'un cheveu.

Mais peut-être crois-tu que je t'abuse : avance,
Et de tes propres mains fais-en l'expérience :
Offre un pan de ta robe à l'action du feu.

Dépose désormais, dépose toute crainte!
Viens, brave de ce feu l'inoffensive étreinte! »
Mais je demeurais sourd à sa voix, malgré moi.

Quando mi vide star pur fermo e duro,
Turbato un poco disse: Or vedi, figlio,
Tra Beatrice e te è questo muro.

Come al nome di Tisbe aperse 'l ciglio
Piramo in su la morte, e riguardolla,
Allor che 'l gelso diventò vermiglio;

Così, la mia durezza fatta solla,
Mi volsi al savio Duca udendo il nome,
Che nella mente sempre mi rampolla.

Ond' ei crollò la testa, e disse: Come
Volemci star di qua? indi sorrise,
Come al fanciul si fa, ch' è vinto al pome:

Poi dentro al fuoco innanzi mi si mise,
Pregando Stazio, che venisse retro,
Che pria per lunga strada ci divise.

Come fui dentro, in un bogliente vetro
Gittato mi sarei per rinfrescarmi,
Tant' era ivi lo 'ncendio senza metro.

Lo dolce Padre mio per confortarmi,
Pur di Beatrice ragionando andava
Dicendo: Gli occhi suoi già veder parmi.

Quand il me vit ainsi demeurer immobile,
Avec un peu de trouble : « Apprends, me dit Virgile,
Qu'il n'est rien que ce mur de Béatrice à toi. »

Comme au nom de Thisbé, déjà mourant, Pyrame
Rouvrit ses yeux éteints pour regarder sa dame,
Alors que de leur sang le mûrier prit couleur ;

Je sens tout aussitôt fondre ma résistance,
Et vers mon sage guide avec ardeur m'élance,
Au nom cher qui fleurit à jamais dans mon cœur.

Alors, hochant la tête, il se prend à sourire,
Comme on fait à l'enfant qu'un fruit vient de séduire,
Et me dit : « Eh bien donc, allons-nous rester coi ? »

Et puis dans le brasier le premier il pénètre.
Stace, qui jusqu'alors marchait après mon maître,
Fut prié cette fois d'aller derrière moi.

A peine j'entre au feu comme il me le commande,
Que pour me rafraîchir, tant la flamme était grande,
Je me serais jeté dans du verre bouillant.

Pour m'aider à souffrir la flamme expiatrice,
Le doux maître en marchant parlait de Béatrice,
Disant : « Je crois déjà voir son bel œil brillant. »

Guidavaci una voce, che cantava
Di là: e noi attenti pure a lei
Venimmo fuor, là ove si montava.

Venite, benedicti Patris mei,
Sonò dentro un lume, che li era,
Tal, che mi vinse, e guardar nol potei.

Lo Sol sen' va, soggiunse, e vien la sera:
Non v' arrestate, ma studiate 'l passo,
Mentre che l'occidente non s' annera.

Dritta salia la via perentro 'l sasso
Verso tal parte, ch' io toglieva i raggi
Dinanzi a me del Sol, ch' era già lasso.

E di pochi scaglion levammo i saggi,
Che 'l Sol corcar, per l' ombra che si spense,
Sentimmo dietro ed io e gli miei saggi.

E pria che 'n tutte le sue parti immense
Fusse orizzonte fatto d' un aspetto,
E notte avesse tutte sue dispense,

Ciascun di noi d' un grado fece letto;
Chè la natura del monte ci affranse
La possa del salir, più che 'l diletto.

CHANT XXVII. 165

Une voix qui chantait nous guidait dans les flammes,
Et, la suivant toujours, dehors nous arrivâmes
En face des degrés qui restaient à monter.

— « Venez, venez, ô vous, les bénis de mon Père! »
Ces mots retentissaient du sein d'une lumière
Que mes yeux éblouis ne pouvaient supporter.

Elle ajoutait : « Le jour s'enfuit, la nuit avance,
Ne vous arrêtez pas et faites diligence
Avant que l'occident s'obscurcisse à son tour. »

Le sentier montait droit par le roc déjà sombre
Du côté d'orient, de sorte que mon ombre
Brisait par devant moi les feux mourants du jour.

Nous commencions à peine à monter quand s'efface
L'ombre, et nous avertit, moi, mon docteur et Stace,
Que le soleil s'était couché derrière nous.

Devant qu'à tous les points de l'horizon énorme,
N'offrant plus au regard qu'une teinte uniforme,
La nuit eût tout couvert de son voile jaloux,

Chacun de nous se fit, brisé de lassitude,
Un lit d'un des degrés : cet escarpement rude
Nous ayant enlevé la force, non l'ardeur.

Quali si fanno ruminando manse
Le capre, state rapide e proterve,
Sopra le cime, innanzi che sien pranse,

Tacite all' ombra, mentre che 'l Sol ferve,
Guardate dal pastor, che 'n su la verga
Poggiato s' è, e lor poggiato serve:

E quale il mandrian, che fuori alberga,
Lungo 'l peculio suo queto pernotta,
Guardando, perchè fiera non lo sperga;

Tali eravam tutt' e tre allotta,
Io come capra, ed ei come pastori,
Fasciati quinci e quindi dalla grotta.

Poco potea parer lì del di fuori:
Ma per quel poco vedev' io le stelle
Di lor solere, e più chiare e maggiori.

Sì ruminando, e sì mirando in quelle,
Mi prese 'l sonno; il sonno, che sovente,
Anzi che 'l fatto sia, sa le novelle.

Nell' ora, credo, che dell' oriente
Prima raggiò nel monte Citerea,
Che di fuoco d' amor par sempre ardente;

Ainsi qu'on voit en paix sur les cimes ardues
Les chèvres ruminant quand elles sont repues :
Tout à l'heure folâtre et léger maraudeur,

A l'ombre maintenant le troupeau dort tranquille,
Tandis que le soleil flamboie, et, qu'immobile,
Courbé sur son bâton, les garde le berger.

Et comme le pastour, paisible sentinelle,
Parque la nuit auprès de son troupeau fidèle
Et des loups ravisseurs écarte le danger :

Tels nous étions alors tous trois dans cette passe,
Eux les deux bons pasteurs, et moi la chèvre lasse,
Serrés des deux côtés contre l'escarpement.

A peine un pan de ciel se découpait dans l'ombre ;
Mais j'y voyais briller des étoiles sans nombre
Qui faisaient resplendir ce coin du firmament.

Rêveur, je contemplais leur éclat fantastique.
Le sommeil me surprit, ce sommeil prophétique,
Le messager souvent des choses qui seront.

C'était l'heure où Vénus, au ciel étincelante,
Et qui des feux d'amour semble toujours brûlante,
Dardait de l'orient ses rayons sur le mont.

Giovine e bella in sogno mi parea
Donna vedere andar per una landa,
Cogliendo fiori, e cantando dicea,

Sappia qualunque 'l mio nome dimanda,
Ch' io mi son Lia, e ve movendo 'ntorno
Le belle mani a farmi una ghirlanda.

Per piacermi allo specchio, qui m' adorno:
Ma mia suora Rachel mai non si smaga
Dal suo ammiraglio, e siede tutto giorno.

Ell' è de' suo' begli occhi veder vaga,
Com' io dell' adornarmi con le mani:
Lei lo vedere, e me l' ovrare appaga

E già per gli splendori antelucani,
Che tanto a i peregrin surgon più grati,
Quanto tornando albergan men lontani,

Le tenebre fuggian da tutti i lati,
E 'l sonno mio con esse; ond' io levami,
Veggendo i gran maestri già levati.

Quel dolce pomo, che per tanti rami
Cercando va la cura de' mortali,
Oggi porrà in pace le tue fami:

Une dame je vis en rêve, jeune et belle,

Qui s'en allait cueillant, légère pastourelle,

Des fleurs dans la campagne, et chantait en chemin :

« Léa, voilà mon nom, si quelqu'un le demande.

Pour me tresser de fleurs une fraîche guirlande

Je vais, de ci de là, tendant ma belle main.

Pour me trouver plus belle au miroir, je me pare.

Du sien ma sœur Rachel jamais ne se sépare

Et reste tout le jour assise sans labeur.

Regarder ses beaux yeux, voilà tout ce qu'elle aime.

Moi j'aime de mes mains à me parer moi-même,

Contempler est sa joie : agir est mon bonheur (2). »

Cependant aux splendeurs du jour avant-courières,

Qui sont au pèlerin bien plus douces lumières,

Lorsque de la patrie il approche au retour,

De toutes parts fuyaient les dernières ténèbres :

Comme elles mon sommeil. Les deux maîtres célèbres

Étaient déjà debout. Je me lève à mon tour.

— « Ce fruit si doux et que l'inquiétude humaine

Poursuit de branche en branche en la forêt mondaine (3),

De ce fruit aujourd'hui ta faim se nourrira. »

10

Virgilio inverso me queste cotali
Parole usò: e mai non furo strenne,
Che fosser di piacere a queste iguali.

Tanto voler sovra voler mi venne
Dell' esser su, ch' ad ogni passo poi
A volo mio sentia crescer le penne.

Come la scala tutta sotto noi
Fu corsa, e fummo in su 'l grado superno,
In me ficcò Virgilio gli occhi suoi,

E disse: Il temporal fuoco, e l' eterno
Veduto hai, figlio, e se' venuto in parte,
Ov' io per me più oltre non discerno.

Tratto t' ho qui con ingegno e con arte:
Lo tuo piacere omai prendi per duce:
Fuor se' dell' erte vie, fuor se' dell' arte.

Vedi là il Sol, che 'n fronte ti riluce:
Vedi l' erbetta, i fiori, e gli arboscelli,
Che quella terra sol da sè produce.

Mentre che vegnon lieti gli occhi belli,
Che lagrimando a te venir mi fenno,
Seder ti puoi, e puoi andar tra elli.

De Virgile vers moi la grande ombre tournée
Ainsi parle, et jamais don de nouvelle année
Ne put faire un plaisir égal à celui-là.

Tant fut surexcité mon désir d'être au faîte,
Qu'à chacun de mes pas, pour voler à la crête,
Il me semblait sentir des ailes me pousser.

Alors qu'ayant gravi la rampe tout entière,
Nous posâmes le pied sur la marche dernière,
Virgile — et ses regards sur moi de se fixer :

« Le feu qui n'a qu'un temps et la flamme éternelle,
Tu les as vus, dit-il, mais après cette échelle
Il ne m'est plus donné de rien voir au delà.

Jusqu'ici t'ont conduit mon art et mon génie ;
Marche seul maintenant, suivant ta fantaisie ;
Hors des chemins étroits et raides te voilà !

Regarde : le soleil brille sur ta figure.
Vois ces arbres, ces fleurs, cette belle verdure
Que la terre produit de son sein, sans douleurs.

En attendant de voir venir tout pleins de joie
Les beaux yeux dont les pleurs m'ont jeté sur ta voie,
Tu peux t'asseoir ou bien errer parmi ces fleurs.

Non aspettar mio dir più, nè mio cenno :
Libero, dritto, sano è tuo arbitrio,
E fallo fora non fare a suo senno :

Per ch' io te sopra te corono, e mitrio.

De moi n'espère plus une parole, un signe.

Ton propre arbitre est sain, il est droit, libre et digne,

Et ne pas en user serait mal : c'est pourquoi

Je te couronne et mitre ici maître de toi (4). »

NOTES DU CHANT XXVII.

(1) Cette béatitude fait allusion au péché de luxure que les flammes purifient.

(2) Dante voit en songe une jeune femme cueillant des fleurs, comme il en verra une en réalité le lendemain au Paradis terrestre. Ces deux sœurs, Lia et Rachel, sont le double emblème de la vie active et de la vie contemplative.

(3) Le souverain bien, le bonheur.

(4) *Corono e mitrio*, dit le texte. Ainsi, par la vertu des épreuves que le poëte a traversées, son libre arbitre épuré, sanctifié, lui donne en quelque sorte sur lui-même les deux pouvoirs spirituel et temporel, que Dante ne confond jamais, la couronne et la mître. Ces deux pouvoirs qu'il divise dans les mains des maîtres du monde, il les réunit dans la conscience de l'homme libre.

ARGUMENT DU CHANT XXVIII.

Dante s'aventure sous les ombrages enchanteurs du Paradis terrestre. Un fleuve limpide l'arrête. Du bord, il aperçoit, sur la rive opposée, une belle jeune femme (Mathilde) qui chante en cueillant des fleurs. A la prière du poëte, elle s'approche, lui explique les merveilles de l'Eden et éclaircit quelques-uns de ses doutes.

CANTO VENTESIMO OTTAVO.

Vago già di cercar dentro e dintorno
La divina foresta spessa e viva,
Ch' agli occhi temperava il nuovo giorno,

Senza più aspettar lasciai la riva,
Prendendo la campagna lento lento
Su per lo suol, che d' ogni parte oliva.

Un aura dolce, senza mutamento
Avere in sè, mi feria per la fronte,
Non di più colpo, che soave vento:

Per cui le fronde tremolando pronte
Tutte quante piegavano alla parte,
U' la prim' ombra gitta il santo monte;

CHANT VINGT-HUITIÈME.

Impatient déjà d'errer à l'aventure
Dans la forêt divine à l'épaisse verdure,
Qui tempérait aux yeux l'éclat du jour nouveau,

J'abandonne aussitôt la côte et je m'élance,
Prenant à travers champs : puis à pas lents j'avance
Sur le sol embaumé partout et fleurissant.

Un souffle d'air égal et doux, que rien n'altère,
Venait battre mon front d'un coup d'aile légère,
Comme un vent suave et frais m'effleurant mollement,

Et du côté par où la première ombre gagne,
Le soir, les hauts sommets de la sainte montagne,
Les rameaux agités se courbaient doucement.

Non però dal lor' esser dritto sparte
Tanto, che gli augeletti per le cime
Lasciasser d' operare ogni lor arte:

Ma con piena letizia l' ore prime
Cantando riceveano intra le foglie,
Che tenevan bordone alle sue rime,

Tal, qual di ramo in ramo si raccoglie,
Per la pineta in sul lito di Chiassi,
Quand' Eolo Scirocco fuor discioglie.

Già m' avean trasportato i lenti passi
Dentro all' antica selva, tanta ch' io
Non potea rivedere ond' io m' entrassi:

Ed ecco più andar mi tolse un rio,
Che 'nver sinistra con sue picciole onde,
Piegava l' erba, che 'n sua ripa uscìo.

Tutte l' acque, che son di qua più monde,
Parrienno avere in sè mistura alcuna,
Verso di quella, che nulla nasconde;

Avvegna che si muove bruna bruna
Sotto l' ombra perpetua, che mai
Raggiar non lascia Sole ivi, nè Luna.

Le mol balancement que ce vent leur imprime
Laissait les oiselets chanter sur chaque cime,
Et ne les troublait pas dans leurs joyeux concerts.

Avec pleine allégresse, avec un gai ramage,
Ils saluaient le jour, cachés sous le feuillage,
Qui mêlait un bourdon plus grave à leurs doux vers :

Tel ce bruissement qui court de branche en branche
Lorsque le sirocco plus prompt que l'avalanche
Dans les pins de Chiassi souffle tout effaré (1).

Déjà dans la forêt à l'antique ramure
Je m'étais enfoncé si loin à l'aventure
Que je ne voyais plus par où j'étais entré.

Et voici qu'à ma gauche un ruisselet m'arrête :
Les petits flots coulaient en caressant l'herbette,
Qui croissait à l'entour sur le bord inégal.

Il n'est eau si limpide ici-bas, et si pure
Qui n'eût paru cacher au fond quelque souillure,
Près de cette onde au clair et transparent cristal.

Pourtant elle coulait dans son lit brune, brune,
Sous l'ombrage éternel que les rays de la lune
Et les feux du soleil n'ont pénétré jamais.

Co' piè ristretti, e con gli occhi passai
Di là dal fiumicello, per mirare
La gran varïazion de' freschi mai:

E là m'apparve, sì com' egli appare
Subitamente cosa, che disvia
Per maraviglia tutt' altro pensare,

Una donna soletta, che si gia
Cantando ed isciegliendo fior da fiore,
Ond' era pinta tutta la sua via.

Deh bella donna, ch' a raggi d'amore
Ti scaldi, s' io vo' credere a' sembianti,
Che soglion' esser testimon del cuore,

Vegnati voglia di traretti avanti,
Diss' io a lei, verso questa riviera,
Tanto ch' io possa intender, chè tu canti.

Tu mi fai rimembrar dove e qual' era
Proserpina nel tempo, che perdette
La madre lei, ed ella primavera.

Come si volge con le piante strette
A terra, e intra sè, donna, che balli,
E piede innanzi piede a pena mette,

Du pied je m'arrêtai, mais mon regard d'avance
Franchissant l'humble fleuve, admirait à distance
La prodigalité des floraisons de mai.

Et là-bas, tout à coup, comme un merveilleux songe
Où la pensée entière et s'absorbe et se plonge,
S'offrit à mon regard de loin émerveillé

Une dame seulette en la forêt profonde(2),
Qui s'en allait chantant et cueillant à la ronde
Les fleurs dont son chemin était tout émaillé.

«Las! belle dame, toi que l'amour saint enflamme
De ses rayons divins, si je juge ton âme
Au visage, miroir accoutumé du cœur,

Ne te refuse pas, lui dis-je, à ma prière,
Et daigne t'approcher du bord de la rivière,
Pour que je sente mieux de tes chants la douceur.

Si belle, et dans ces lieux, je crois voir Proserpine,
Lorsqu'elle fut ravie à sa mère divine,
Et quand elle perdit le printemps verdoyant!»

Comme à petits pas joints danse fille légère,
En tournant sur soi-même, et sans quitter la terre,
Avance à peine un pied devant l'autre en glissant :

Volsesi 'n su' vermigli ed in su' gialli
Fioretti verso me, non altrimenti,
Che vergine, che gli occhi onesti avvalli:

E fece i prieghi miei esser contenti,
Sì appressando sè, che 'l dolce suono
Veniva a me co' suoi intendimenti.

Tosto che fu là dove l' erbe sono
Bagnate già dall' onde del bel fiume,
Di levar gli occhi suoi mi fece dono.

Non credo, che splendesse tanto lume
Sotto le ciglia a Venere trafitta
Dal figlio, fuor di tutto suo costume.

Ella ridea dall' altra riva dritta,
Traendo più color con le sue mani,
Che l' alta terra senza seme gitta.

Tre passi ci facea 'l fiume lontani:
Ma Ellesponto, là 've passò Xerse,
Ancora freno a tutti orgogli umani,

Più odio da Leandro non sofferse,
Per mareggiare intra Sesto e Abido,
Che quel da me, perchè allor non s' aperse.

CHANT XXVIII.

La dame, sur les fleurs de ce jardin céleste,
Vers moi s'en vint semblable à la vierge modeste
Qui chemine les yeux baissés pudiquement.

Elle approcha suivant mon désir, et sans peine
Arrivait jusqu'à moi sa douce cantilène,
Et j'en pouvais ouïr le sens distinctement.

Aussitôt qu'elle fut arrivée à la rive
Où se baignent les fleurs au miroir de l'eau vive,
Son œil levé sur moi me fit don d'un regard.

Je doute qu'une flamme aussi prodigieuse
Ait jailli du regard de Vénus amoureuse,
Quand son malin enfant la blessa par hasard.

Sur l'autre rive à droite elle allait souriante,
Moissonnant les couleurs de la flore brillante
Qui sur ces beaux sommets germe du sol sans grain.

A peine de trois pas nous séparait le fleuve ;
Mais le vaste Hellespont, dont Xerxès fit l'épreuve,
Exemple redoutable à tout orgueil humain,

L'Hellespont ne fut pas plus maudit par Léandre,
D'Abydos à Sestos quand il nageait si tendre,
Que, pour ne pas s'ouvrir devant moi, ce ruisseau.

Voi siete nuovi: e forse perch' io rido,
Cominciò ella, in questo luogo eletto
All' umana natura per suo nido,

Maravigliando tienvi alcun sospetto:
Ma luce rende in salmo *Delectasti*,
Che puote disnebbiar vostro intelletto.

E tu che se' dinanzi, e mi pregasti,
Di' s' altro vuoi udir: ch' io venni presta
Ad ogni tua question, tanto che basti.

L' acqua, diss' io, e 'l suon della foresta
Impugnan dentro a me novella fede
Di cosa, ch' io udi contraria a questa.

Ond' ella: Io dicerò come procede
Per sua cagion ciò che ammirar ti face,
E purgherò la nebbia, che ti fiede.

Lo Sommo Bene, che solo a sè piace,
Fece l' uom buono a bene, e questo loco
Diede per arra a lui d' eterna pace.

Per sua diffalta qui dimorò poco:
Per sua diffalta in pianto, ed in affanno,
Cambiò onesto riso e dolce giuoco.

« Nouveaux venus ici, commença-t-elle à dire,
Peut-être, en me voyant joyeusement sourire
Dans cet Éden béni que l'homme eut pour berceau,

En vous quelque soupçon se mêle à la surprise ;
Mais songez, pour chasser toute sombre méprise,
A ce psaume : *Seigneur, vous m'avez réjoui* (3) !

Et toi qui vas devant et qui m'as fait requête,
Que veux-tu que je dise encor ? Me voici prête
A te répondre tant que tu sois assouvi. »

— « La forêt agitée et cette onde, lui dis-je,
Répugnent à ma foi récente en un prodige
Qui ne s'accorde pas avec ce que je voi (4). »

Elle me répondit : « Je te dirai les causes
Du fait qui te surprend et que tu me proposes,
Et je dissiperai les brouillards de ta foi.

Le Bien qui ne se plaît qu'en soi, le Bien suprême
Créa l'homme apte au bien et lui donna de même,
Comme arrhes du bonheur éternel, ces beaux lieux.

A cause de sa faute il n'y demeura guère,
A cause de sa faute, en larmes, en misère,
Il dut changer sa joie honnête et ses doux jeux.

Perchè 'l turbar, che sotto de sè fanno
L' esalazion dell' acqua e della terra,
Che quanto posson dietro al calor vanno,

All' uomo non facesse alcuna guerra,
Questo monte salio ver lo Ciel tanto,
E libero è da indi, ove si serra.

Or perchè in circuito tutto quanto
L' aer si volge con la prima volta,
Se non gli è rotto 'l cerchio d' alcun canto

In questa altezza, che tutta è disciolta
Nell' aere vivo, tal moto percuote,
E fa sonar la selva, perch' è folta:

E la percossa pianta tanto puote,
Che della sua virtute l'aura impregna,
E quella poi girando intorno scuote:

E l' altra terra, secondo ch' è degna
Per sè, o per suo Ciel, concepe e figlia
Di diverse virtù diverse legna.

Non parrebbe di là poi maraviglia,
Udito questo, quando alcuna pianta
Senza seme palese vi s' appiglia.

CHANT XXVIII.

Pour que les troubles, tous engendrés sous ce monde
Par les exhalaisons de la terre et de l'onde
Qui cherchent à monter avecque la chaleur,

Ne pussent point à l'homme ici faire la guerre,
Ce mont fut ainsi haut dressé loin de la terre,
Sans perturbations dans toute sa hauteur.

Or, comme tout entier en courbe circulaire
L'air se meut emporté par la force première,
Tant que rien n'interrompt le cercle éthéréen,

Ce sommet qui s'élève au sein de l'éther libre,
Frappé directement par l'air, frémit et vibre,
Et fait bruire au loin les bois touffus d'Éden.

Et chaque arbre ébranlé dans la forêt profonde
A le don d'imprégner de sa vertu féconde
Le vent qui la secoue en germes odorants.

Et la terre au-dessous, suivant qu'elle est plus forte
Par son sol ou son Ciel, soudain conçoit et porte
De diverses vertus des arbres différents.

Ceci compris, pour toi ce n'est plus un prodige
Qu'une plante parfois, fruit et fleur, sur sa tige,
Sans semis apparent, vienne à pousser là-bas.

E saper dei, che la campagna santa,
Ove tu se', d' ogni semenza è piena,
E frutto ha in sè, che di là non schianta.

L' acqua, che vedi, non surge di vena,
Che ristori vapor, che giel converta,
Come fiume, ch' acquista, o perde lena:

Ma esce di fontana salda e certa,
Che tanto del voler di Dio riprende,
Quant' ella versa da duo parti aperta.

Da questa parte con virtù discende,
Chè toglie altrui memoria del peccato:
Dall' altra, d' ogni ben fatto la rende.

Quinci Lete, così dall' altro lato
Eunoè si chiama: e non adopra,
Se quinci e quindi pria non è gustato.

A tutt' altri sapori esto è di sopra:
E avvegna ch' assai possa esser sazia
La sete tua, perchè più non ti scuopra,

Darotti un corollario ancor per grazia,
Nè credo, che 'l mio dir ti sia men caro,
Se oltre promissïon teco si spazia.

CHANT XXVIII.

L'enclos saint que voici, sache-le, tient en germe
Tout ce qui croit sur terre, et, de plus, il enferme
Un fruit délicieux qui ne s'y cueille pas.

L'onde qu'ici tu vois, elle n'est point nourrie
Par le sol, des vapeurs que le froid tourne en pluie,
Comme un fleuve qui s'enfle ou qui perd de ses eaux;

Elle sort d'une source immuable et certaine :
La volonté de Dieu verse en cette fontaine
Les flots qu'elle partage entre ses deux canaux.

Chacun des deux courants possède une puissance :
L'un, des péchés à l'homme ôte la souvenance,
L'autre, du bien qu'il fit le souvenir lui rend.

L'un s'appelle Lethé, l'autre Eunoë se nomme (5);
Mais leur vertu ne peut opérer que si l'homme
Trempe sa lèvre à l'un comme à l'autre courant.

Nulle saveur ne vaut leur saveur merveilleuse.
J'ai sans doute apaisé ton ardeur curieuse
Et de m'en tenir là me serait bien permis.

Mais je veux te donner par grâce un corollaire,
Je n'appréhende pas de cesser de te plaire
En allant au delà de ce que j'ai promis.

Quelli, ch' anticamente poetaro
L' età dell oro, e suo stato felice.
Forse in Parnaso esto loco sognaro.

Qui fu innocente l' umana radice:
Qui primavera sempre, ed ogni frutto:
Nettare è questo, di che ciascun dice.

Io mi rivolsi addietro allora tutto
A' miei Poeti, e vidi, che con riso
Udito avevan l' ultimo costrutto:

Poi alla bella donna tornai 'l viso.

Les poëtes, jadis, qui, dans la solitude,
Ont chanté l'âge d'or et sa béatitude,
Sans doute sur le Pinde ont rêvé ces lieux-ci.

C'est l'innocent berceau de la nature humaine;
Fleurs et fruits éternels parent ce beau domaine;
Le nectar que chacun célèbre, le voici! »

A ces mots me tournant vers mes deux chers poëtes,
Je vis que tous les deux, de leurs lèvres discrètes,
De la conclusion ils souriaient entre eux:

Et sur la dame alors je reportai mes yeux.

NOTES DU CHANT XXVIII.

(1) Chiassi, aujourd'hui détruit, était situé près de Ravenne. La forêt de pins dont parle Dante existe encore ; elle a été visitée et chantée par lord Byron, qui y a composé, dit-on, la *Prophétie du Dante.*

(2) Ce personnage réalise la vision du Dante au chant précédent. Son nom est Mathilde, comme on le verra au chant XXXIII. Les commentateurs supposent que c'est la célèbre comtesse Mathilde qui enrichit l'Église.

(3) Elle veut dire : N'accusez pas mon cœur si je puis être joyeuse dans cet Éden que l'homme a perdu. Je souris de la joie que m'inspire la contemplation des œuvres de Dieu, comme le psalmiste dans le cantique qui commence ainsi : *Delectasti me, Domine.*

(4) Stace lui a dit (chant XXI) que depuis la porte du Purgatoire jusqu'au haut de la montagne aucun vent, aucune vapeur n'altérait l'atmosphère. Comment donc la forêt peut-elle bruire ainsi et comment ce fleuve a-t-il pu se former ?

(5) Les deux noms sont tirés du grec. C'est comme s'il disait : L'un s'appelle *oubli*, l'autre, *bonne mémoire.*

ARGUMENT DU CHANT XXIX.

Mathilde s'avance le long du fleuve. Dante la suit du bord opposé. Une douce harmonie se répand dans l'air. Des voix chantent Hosannah ! Dante, averti par Mathilde, s'apprête à contempler un prodigieux spectacle. Il voit sept candélabres étincelants marchant devant vingt-quatre vieillards vêtus de blanc et couronnés de lis. Après eux quatre animaux la tête ceinte de feuilles vertes et ayant chacun six ailes. Puis un char de triomphe traîné par un griffon. A la droite du char dansent trois dames portant différentes couleurs. A la gauche, quatre autres habillées de pourpre. Sept autres vieillards, vêtus comme les premiers, ferment la marche. Au signal d'un coup de tonnerre, tout le cortége s'arrête.

CANTO VENTESIMO NONO.

Cantando come donna innamorata,
Continuò col fin di sue parole:
Beati, quorum tecta sunt peccata.

E come Ninfe, che si givan sole,
Per le salvatiche ombre, disiando,
Qual di fuggir, qual di veder lo Sole;

Allor si mosse contra 'l fiume, andando
Su per la riva, ed io pari di lei,
Picciol passo con picciol seguitando.

Non eran cento tra i suo' passi e i miei,
Quando le ripe igualmente dier volta,
Per modo, ch' al levante mi rendei.

CHANT VINGT-NEUVIÈME.

Alors avec l'accent d'un cœur qu'amour enflamme,
En cessant de parler, chanta la belle dame :
O Beati quorum tecta sunt peccata!

Et telles qu'à l'écart sous les forêts ombreuses
Les Nymphes autrefois s'en allaient, désireuses,
Qui de fuir, qui de voir le soleil : ainsi là,

En remontant le fleuve et longeant le rivage,
La dame disparut lentement sous l'ombrage.
Comme elle, à petits pas, j'allais en la suivant.

Nous avions fait cent pas au plus de cette allure,
Lorsque sur ses deux bords se courba l'onde pure,
Et je me retrouvai du côté du levant.

Nè anche fu così nostra via molta,
Quando la donna mia a me si torse,
Dicendo: Frate mio, guarda et ascolta.

Et ecco un lustro subito trascorse
Da tutte parti per la gran foresta,
Tal che di balenar mi mise in forse.

Ma perchè 'l balenar, come vien, resta,
E quel durando più e più splendeva,
Nel mio pensar dicea: Che cosa è questa?

Ed una melodia dolce correva
Per l'aer luminoso: onde buon zelo
Mi fe' riprender l'ardimento d'Eva:

Chè là, dove ubbidia la terra e 'l Cielo,
Femmina sola, e pur testè formata,
Non sofferse di star sotto alcun velo:

Sotto 'l qual se divota fosse stata,
Avrei quelle ineffabili delizie
Sentite prima, e poi lunga fiata.

Mentr' io m'andava tra tante primizie
Dell' eterno piacer tutto sospeso,
E disioso ancora a più letizie,

Et nous n'avions fourni qu'une courte carrière,
Quand la dame vers moi se tourna tout entière,
Disant : « Mon frère, écoute et regarde à la fois ! »

Et voici que soudain une vive étincelle
Perce les profondeurs du bois immense, telle
Que je doute si c'est un éclair que je vois.

Mais tandis que l'éclair, comme il vient, brille et passe,
Cette lueur durait, grandissait dans l'espace.
Qu'est ceci? me disais-je, en moi-même enchanté.

Et dans l'air lumineux une douce harmonie
Semblait courir. Fervent d'une ardeur infinie,
Je maudis alors Ève et sa témérité.

Las ! quand obéissaient et le Ciel et la terre,
Une femme, créée à peine à la lumière,
Seule osa rejeter le voile du Seigneur.

L'eût-elle conservé résignée et docile,
Plus tôt et plus longtemps, j'aurais dans cet asile
Joui de cette immense, ineffable douceur.

Tandis que je marchais à travers ces délices,
Du bonheur éternel savourant les prémices,
Et toujours plus avide et toujours plus ravi,

Dinanzi a noi tal, quale un fuoco acceso,
Ci si fe' l' aer sotto i verdi rami,
E 'l dolce suon per canto era già 'nteso:

O sagrosante Vergini, se fami,
Freddi, o vigilie mai, per voi soffersi,
Cagion mi sprona, ch' io mercè ne chiami.

Or convien, ch' Elicona per me versi,
E Urania m' aiuti col suo coro,
Forti cose a pensar, mettere in versi.

Poco più oltre sette alberi d' oro
Falsava nel parere, il lungo tratto
Del mezzo, ch' era ancor tra noi e loro:

Ma quando io fui sì presso di lor fatto,
Che l' obbietto comun, che 'l senso inganna,
Non perdea per distanza alcun suo atto;

La virtù, ch' a ragion discorso ammanna,
Sì com' egli eran candelabri apprese,
E nelle voci del cantare Osanna.

Di sopra fiammeggiava il bello arnese
Più chiaro assai, che Luna per sereno
Di mezza notte nel suo mezzo mese.

Devant nous tout à coup, sous la verte ramée,
L'atmosphère parut au loin tout enflammée,
Et le doux son devint un chant clair et suivi.

O sacrosaintes, vous, ô Vierges sans pareilles !
Si j'ai souffert pour vous, la faim, le froid, les veilles,
Le moment est venu de m'en récompenser !

Que l'Hélicon pour moi verse à torrent son onde,
Qu'Uranie à ses sœurs s'unisse et me seconde
Pour cadencer en vers ce qui coûte à penser !

Je crois un peu plus loin voir, tandis que j'avance,
Comme sept arbres d'or, trompé par la distance
Qui séparait encor de nous la vision.

Mais m'étant approché, lorsqu'avec évidence
Les objets dégagés de leur vague apparence
Vinrent se dessiner dans leur précision,

L'œil puissant qui perçoit les choses véritables,
Me fit voir que c'étaient sept flambeaux admirables(1),
Et j'ouïs : *Hosannah!* dans le concert des voix.

Et le beau lustre d'or flamboyait plus splendide
Au-dessus de nos fronts, que, par un ciel limpide,
La lune en plein minuit au milieu de son mois.

Io mi rivolsi d' ammirazion pieno,
Al buon Virgilio: ed esso mi rispose,
Con vista carca di stupor non meno:

Indi rendei l' aspetto all' alte cose,
Che si movieno, incontro a noi sì tardi,
Che foran vinte da novelle spose.

La donna mi sgridò: Perchè pur' ardi
Sì nell' affetto delle vive luci,
E ciò che vien diretro a lor non guardi?

Genti vid' io allor, com' a lor duci,
Venire appresso, vestite di bianco:
E tal candor giammai di qua non fuci.

L' acqua splendeva dal sinistro fianco,
E rendea a me la mia sinistra costa,
S' io riguardava in lei, come specchio anco.

Quand' io dalla mia riva ebbi tal posta,
Che solo il fiume mi facea distante,
Per veder meglio a' passi diedi sosta:

E vidi le fiammelle andare avante,
Lasciando dietro a sè l' aer dipinto,
E di tratti pennelli avea sembiante,

Je me tournai, saisi d'une stupeur extrême,
Vers mon tendre Virgile : il me répond de même
Par un regard aussi plein de ravissement.

Je relevai les yeux vers les urnes brillantes,
Qui se mouvaient vers nous solennelles et lentes :
Une épouse à l'autel marche moins lentement.

La dame me cria : « Sur ces vives lumières
Pourquoi si tendrement fixes-tu tes paupières ?
Et ce qui vient après ne regardes-tu pas ? »

Alors je vis des gens qui cheminaient derrière,
Et, comme on suit un guide, ils suivaient la lumière,
Vêtus de blanc : un blanc sans égal ici-bas !

L'eau brillait à ma gauche, et longeant le rivage,
En y jetant les yeux, je voyais mon image
S'y profiler de flanc comme dans un miroir.

Je m'approchai du bord extrême de la rive,
Séparé des flambeaux seulement par l'eau vive
Et suspendis mes pas un instant pour mieux voir.

Les clartés avançaient en laissant derrière elles
L'air peint et nuancé des couleurs les plus belles :
On eût dit le sillon d'un pinceau sans pareil.

Sì ch' egli sopra rimanea distinto
Di sette liste, tutte in quei colori,
Onde fa l' arco il Sole, e Delia il cinto.

Questi stendali dietro eran maggiori,
Che la mia vista: e, quanto a mio avviso
Dieci passi distavan quei di fuori.

Sotto così bel Ciel, com' io diviso,
Ventiquattro signori a due a due
Coronati venian di fiordaliso.

Tutti cantavan: Benedetta tue
Nelle figlie d' Adamo: e benedette
Sieno in eterno le bellezze tue.

Poscia che i fiori e l' altre fresche erbette,
A rimpetto di me dall' altra sponda
Libere fur da quelle genti elette,

Sì come luce luce in Ciel seconda,
Vennero appresso lor quattro animali,
Coronato ciascun di verde fronda.

Ognuno era pennuto di sei ali,
Le penne piene d' occhi; e gli occhi d' Argo,
Se fosser vivi, sarebber cotali.

Sur le ciel s'étendaient sept bandes bien distinctes,
Dont les riches couleurs reproduisaient les teintes
Du collier de Délie(2) et de l'arc du soleil.

Ces pennons en longueur dépassaient bien ma vue ;
Mais, quant à leur largeur, si bien je l'évalue,
On mesurait dix pas du premier au dernier.

Sous ce beau ciel paré comme pour une fête,
Vingt-quatre beaux vieillards, de lis ceignant leur tête,
S'avançaient deux à deux en ordre régulier(3).

Ils chantaient tous en chœur : « O toi, fille choisie
Entre les filles d'Ève, à jamais sois bénie !
Sois bénie à jamais dans tes belles vertus !

Puis, quand le gazon frais et la flore irrisée,
Qui brillaient devant moi sur la rive opposée
Ne furent plus foulés par ce troupeau d'élus,

Comme au ciel un éclair après l'autre flamboie,
Vinrent quatre animaux après eux dans la voie,
Tous quatre couronnés de rameaux verdoyants(4).

Et chacun d'eux avait six ailes admirables
Que parsemaient des yeux aux yeux d'Argus semblables,
Si les mille yeux d'Argus pouvaient être vivants.

A descriver lor forma più non spargo
Rime, lettor; ch' altra spesa mi strigne
Tanto, che 'n questa non posso esser largo.

Ma leggi Ezzechiel, che li dipigne,
Come li vide, dalla fredda parte
Venir con vento, con nube, e con igne:

E quai li troverai nelle sue carte,
Tali eran quivi; salvo ch' alle penne
Giovanni è meco, e da lui si diparte.

Lo spazio dentro a lor quattro contenne
Un carro in su duo ruote trionfale,
Ch' al collo d' un Grifon tirato venne:

Ed esso tendea su l' una, e l' altr' ale,
Tra la mezzana e le tre e tre liste,
Sì ch' a nulla, fendendo, facea male:

Tanto salivan, che non eran viste:
Le membra d' oro avea, quanto era uccello,
E bianche l' altre, di vermiglio miste.

Non che Roma di carro così bello
Rallegrasse Affricano, o vero Augusto:
Ma quel del Sol saria pover con ello:

CHANT XXIX.

Mais je ne perdrai plus de vers à les décrire,
O lecteur! il me faut répandre ailleurs ma lyre,
Et force m'est ici de me restreindre un peu.

Mais lis Ézéchiel qui nous dépeint ces bêtes,
Comme il les vit du fond du nord et des tempêtes
Venir avec le vent, la nuée et le feu.

Telles il nous les montre en ses pages fidèles,
Telles je les voyais : sauf qu'à l'égard des ailes,
Je m'accorde avec Jean contre son sentiment.

Entre ces quatre alors, sur une double roue
Vient un char triomphal(5), et, marchant à la proue,
Un griffon le traînait majestueusement :

Ce griffon déployait au milieu des sept bandes
(Trois de ci, trois de là) ses ailes toutes grandes,
Et n'en endommageait aucune en fendant l'air.

Ces ailes s'élevaient jusqu'à perte de vue,
Les membres empennés qui montaient dans la nue
Étaient d'or : le reste était d'un blanc de chair(6).

Jamais Rome ne vit au triomphe d'Auguste
Ou bien de l'Africain-char plus beau, plus auguste;
Celui même du jour eut semblé pauvre auprès :

12

Quel del Sol, che sviando fu combusto,
Per l'orazion della Terra devota
Quando fu Giove arcanamente giusto.

Tre donne in giro dalla destra ruota
Venien danzando; l'una tanta rossa,
Ch' a pena fora dentro al fuoco nota:

L'altr'era, come se le carni e l'ossa
Fossero state di smeraldo fatte:
La terza parea neve testè mossa,

Ed or parevan dalla bianca tratte,
Or dalla rossa, e dal canto di questa
L'altre togliean l'andare e tarde e ratte.

Dalla sinistra quattro facean festa,
In porpora vestite, dietro al modo
D'una di lor, ch' avea tre occhi in testa.

Appresso tutto 'l pertrattato nodo
Vidi duo vecchi in abito dispari,
Ma pari in atto ed onestato, e sodo.

L'un si mostrava alcun de' famigliari
Di quel sommo Ippocrate, che natura
Agli animali fe' ch' ell' ha più cari:

Ce char qui, dévoyé, fut brûlé du tonnêrre,
Aux supplications ferventes de la Terre,
Quand Jupiter fut juste en ses profonds décrets.

A la droite du char dansaient en rond trois dames :
L'une paraissait rouge et dardait telles flammes,
Qu'elle eût pu dans la flamme aux yeux se dérober.

On eût pensé de l'autre, à son éclat extrême,
Qu'elle était d'émeraude, os et chair; la troisième
Semblait la neige fraîche et qui vient de tomber.

Et le trio dansant était conduit par elle
Ou par la dame rouge, à la voix de laquelle
Les deux autres réglaient leurs pas pressés ou lents (7).

A la gauche du char quatre autres faisaient fête
Et dansaient. Leurs habits étaient en pourpre. En tête
Marchait l'une, montrant trois yeux étincelants (8).

Après le char je vis deux vieillards vénérables,
Vêtus différemment, mais d'allures semblables,
Qui, d'un pas assuré, venaient majestueux.

L'un (9) semblait un suivant d'Hippocrate, ce maître
Que la mère nature a tout exprès fait naître
Pour ceux de ses enfants qu'elle chérit le mieux.

Mostrava l' altro la contraria cura
Con una spada lucida e acuta,
Tal che di qua dal rio mi fe' paura.

Poi vidi quattro in umile paruta,
E diretro da tutti un veglio solo
Venir dormendo con la faccia arguta.

E questi sette col primaio stuolo
Erano abituati: ma di gigli
Dintorno al capo non facevan brolo:

Anzi di rose e d' altri fior vermigli:
Giurato avria poco lontano aspetto,
Che tutti ardesser di sopra da' cigli;

E quando 'l carro a me fu a rimpetto,
Un tuon s' udì: e quelle genti degne
Parvero aver l' andar più interdetto,

Fermandos' ivi con le prime insegne.

Le second révélait un penser tout contraire :
Il portait une épée affilée et si claire (10),
Que par delà le fleuve elle effraya mes yeux.

Puis, j'en vis quatre encor d'une humble contenance (11);
Derrière eux un vieillard venait seul, à distance,
Et marchait les yeux clos, mais le front lumineux (12).

Ces sept derniers avaient tous des surplis de neige,
Comme ceux qui tenaient la tête du cortége.
Seulement sur leurs fronts, au lieu de fleurs de lis

Des roses ils portaient et d'autres fleurs vermeilles.
Et d'un peu loin, à voir ces roses sans pareilles,
On eût dit une flamme au-dessus des sourcils.

Et quand fut vis-à-vis de moi le char insigne,
Un tonnerre éclata : lors cette troupe digne
Parut ne plus pouvoir avancer au delà :

Et cortége et flambeaux, soudain tout s'arrêta.

NOTES DU CHANT XXIX.

(1) Allégoriquement les sept grâces du Saint-Esprit.

(2) Diane ou la lune appelée Délie, à cause de sa naissance à Délos.

(3) Les vingt-quatre vieillards représentent les patriarches de l'Ancien-Testament ou peut-être les vingt-quatre livres de la Bible. Ils portent des fleurs de lis, symbole de la foi.

(4) Les quatre évangélistes.

(5) Le char de l'Église.

(6) Le griffon, animal fabuleux moitié aigle, moitié lion, représente, disent les commentateurs, Jésus-Christ lui-même et ses deux natures divine et humaine.

(7) Ces trois femmes qui dansent à la droite du char sont les trois vertus théologales : la charité ardente est couleur de feu, le vert est la couleur de l'espérance et le blanc celle de la foi.

(8) Ces quatre autres sont les quatre vertus cardinales : la force, la tempérance, la justice et la prudence qui a trois yeux.

(9) Saint Luc qui a écrit les actes des apôtres. Il était médecin.

(10) Saint Paul.

(11) Quatre apôtres, ou bien les quatre docteurs de l'Église : saint Grégoire-le-Grand, saint Jérôme, saint Ambroise et saint Augustin.

(12) Saint Jean, auteur de l'Apocalypse. Il est représenté dormant, mais le front lumineux, à cause de la vision qu'il eut à Pathmos pendant son sommeil.

ARGUMENT DU CHANT XXX.

Apparition de Béatrice. Des anges chantant et répandant des fleurs à pleines mains se lèvent au-dessus du char qui vient de s'arrêter. Au milieu de ce nuage de fleurs, Béatrice se montre enfin. Dante la reconnaît à l'émotion qu'il éprouve. Virgile disparaît. Paroles sévères de Béatrice, qui reproche à Dante ses égarements.

CANTO TRENTESIMO.

Quando 'l settentrion del primo Cielo,
Che nè occaso mai seppe, nè orto,
Nè d'altra nebbia, che di colpa velo:

E che faceva lì ciascuno accorto
Di suo dover, come 'l più basso face,
Qual timon gira per venire a porto,

Fermo s'affisse; la gente verace
Venuta prima tra 'l Grifone ed esso,
Al carro volse sè, come a sua pace.

E un di loro quasi dal Ciel messo,
Veni, sponsa, de Libano, cantando,
Gridò tre volte, e tutti gli altri appresso:

CHANT TRENTIÈME.

Lorsque du premier Ciel ces urnes étoilées,
Qui, par le péché seul, purent être voilées,
Et qui n'eurent jamais ni lever ni déclin,

Quand ces sept lustres d'or, de tous le point de mire,
Comme l'astre qui guide ici-bas le navire
Et conduit sur les mers jusqu'au port le marin,

Se furent arrêtés, la gent qui la première
Précédait le griffon et suivait la lumière,
Comme vers son bonheur vers le char se tourna.

Et l'un d'eux, qui semblait un envoyé céleste,
A crié par trois fois, après lui tout le reste
A répété : *veni de Libano sponsa* (1) !

Quale i beati al novissimo bando
Surgeran presti, ognun di sua caverna,
La rivestita carne alleviando,

Cotali in su la divina basterna
Si levàr cento *ad vocem tanti senis*,
Ministri e messaggier di vita eterna.

Tntti dicean: *Benedictus, qui venis*,
E fior gittando di sopra e dintorno,
Manibus o date lilia plenis.

Io vidi già nel cominciar del giorno
La parte orïental tutta rosata,
E l' altro Ciel di bel sereno adorno:

E la faccia del Sol nascere ombrata,
Sì che, per temperanza di vapori,
L' occhio lo sostenea lunga fiata:

Così dentro una nuvola di fiori,
Che dalle mani angeliche saliva,
E ricadeva giù dentro e di fuori;

Sovra candido vel, cinta d' oliva,
Donna m' apparve sotto verde manto,
Vestita di color di fiamma viva.

Telles au dernier ban, des tombes caverneuses
On verra s'envoler les âmes bienheureuses
Et chanter de leurs voix fraîches : *Alleluia !*

Telle, au-dessus du char, une foule nouvelle,
Ministres et hérauts de la vie éternelle,
A la voix du vieillard inspiré, se leva :

Tous s'écriaient : «*venis benedictus*, mon père!» (2)
Et, répandant des fleurs dans l'air et sur la terre,
Ils chantaient : *Manibus date lilia plenis!* (3)

J'ai déjà vu, lorsque le jour commence à luire,
L'orient tout rosé dans le ciel bleu sourire
Et l'horizon paré des couleurs de l'Iris,

Et le soleil encor voilé sur un nuage
Tempérant de vapeurs l'éclat de son visage,
L'œil soutenait alors son disque moins ardent :

Ainsi du sein des fleurs, nuage fantastique
Qui s'épanchait des mains de la troupe angélique,
Tour à tour dans les airs montant et descendant,

Ceinte d'un voile blanc et d'olivier, couverte
D'une robe de feu sous une mante verte,
Une dame à mes yeux s'offrit à ce moment (4).

E lo spirito mio, che già cotanto
Tempo era stato con la sua presenza,
Non era di stupor tremando affranto.

Senza degli occhi aver più conoscenza,
Per occulta virtù, che da lei mosse,
D' antico amor sentii la gran potenza.

Tosto che nella vista mi percosse
L' altra virtù, che già m' avea trafitto
Prima ch' io fuor di puerizia fosse;

Volsimi alla sinistra col rispitto,
Col quale in fantolin corre alla mamma,
Quando ha paura, o quando egli è afflitto,

Per dicere a Virgilio: Men che dramma
Di sangue m' è rimasa, che non tremi;
Conosco i segni dell' antica fiamma.

Ma Virgilio n' avea lasciati scemi
Di sè, Virgilio dolcissimo padre,
Virgilio, a cui, per mia salute diemi:

Nè quantunque perdeo l' antica madre,
Valse alle guance nette di rugiada,
Che lagrimando non tornassero adre.

Et mon cœur aussitôt qui la croyait perdue,

Et depuis si longtemps n'avait plus à sa vue

Éprouvé de surprise et de tressaillement,

Sans le secours des yeux, prompt à la reconnaître,

Sentit au seul parfum émané de cet être

De son ancien amour les effets tout puissants.

Sitôt que m'eut frappé la magique influence

Qui, devant que mon âge échappât à l'enfance,

M'avait percé jadis l'âme dans tous les sens,

A gauche sur-le-champ je me tourne et me serre,

Comme l'enfant qui court vers le sein de sa mère,

Quand il a quelque peine ou qu'il est alarmé.

Et je dis : « Je n'ai plus, ô Virgile, une goutte

De sang dedans mon corps qui ne frémisse toute :

De mon ancien amour c'est le feu rallumé » (5).

Mais Virgile m'avait privé de lui, Virgile

Ce père tendre et doux à qui moi, fils docile,

Pour faire mon salut j'avais été donné.

Et tout ce que perdit Ève en ce beau parage

N'empêcha point les pleurs d'obscurcir mon visage,

Qui de rosée encor restait illuminé (6).

Dante, perchè Virgilio se ne vada,
Non pianger anche, non piangere ancora,
Chè pianger ti convien per altra spada.

Quasi ammiraglio, che 'n poppa ed in prora
Viene a veder la gente, che ministra,
Per gli alti lagni, ed a ben far l' incuora,

In su la sponda del carro sinistra,
Quando mi volsi al suon del nome mio,
Che di necessità qui si rigistra,

Vidi la donna, che pria m' appario,
Velata sotto l' angelica festa,
Drizzar gli occhi, ver me, di qua dal rio.

Tutto che 'l vel che le scendea di testa,
Cerchiato dalla fronde di Minerva,
Non la lasciasse parer manifesta:

Regalmente nell' atto ancor proterva
Continuò, come colui, che dice,
E 'l più caldo parlar dietro riserva:

Guardami ben: ben son, ben son Beatrice:
Come degnasti d' accedere al monte?
Non sapei tu, che qui è l' uom felice?

— « Dante, ne pleure pas, ce n'est pas encor l'heure !
Pour ce qu'a disparu Virgile point ne pleure !
Sous un coup plus aigu tes pleurs doivent couler. »

Ainsi qu'un amiral de la proue à la poupe
Va, vient, et, surveillant de loin toute sa troupe,
Exhorte ses marins à se bien signaler :

Au bord du char, à gauche, et dans le moment même
Où je tournai la tête à mon nom de baptême
Que j'enregistre ici comme il fut prononcé,

La dame se tenait debout, son beau visage
Rayonnant à travers l'angélique nuage,
Et par delà le bac son œil sur moi fixé.

Bien que le voile blanc dont sa tête était ceinte,
Enguirlandé du vert olivier, de la sainte
Ne laissât pas encor paraître tous les traits,

Elle avait conservé son air de souveraine
Et me dit d'une voix encore plus hautaine,
Qui gardait pour la fin ses plus douloureux traits :

« Regarde : c'est bien moi, je suis bien Béatrice.
Comment as-tu daigné gravir ce mont propice ?
Savais-tu pas qu'ici l'on jouit du bonheur ? »

Gli occhi mi cadder giù nel chiaro fonte:
Ma veggendomi in esso, io trassi all' erba,
Tanta vergogna mi gravò la fronte.

Così la madre al figlio par superba,
Com' ella parve a me: perchè d' amaro
Sentì 'l sapor della pietate acerba.

Ella si tacque, e gli angeli cantaro
Di subito: *In te, Domine, speravi*,
Ma oltre *pedes meos* non passaro.

Sì come neve tra le vive travi
Per lo dosso d' Italia si congela,
Soffiata e stretta dalli venti Schiavi,

Poi liquefatta in sè stessa trapela,
Pur che la terra, che perde ombra, spiri,
Sì che par fuoco fonder la candela:

Così fui senza lagrime e sospiri
Anzi 'l cantar di que', che notan sempre
Dietro alle note degli eterni giri.

Ma poichè intesi nelle dolci tempre
Lor compatire a me, più che se detto
Avesser: Donna, perchè sì lo stempre?

CHANT XXX.

A ces mots je baissai les yeux sur l'onde claire;
Mais je les ramenai presque aussitôt à terre,
En y voyant mon front tout couvert de rougeur.

Elle avait cet accent superbe d'une mère
Qui gronde un fils chéri : sa voix semblait amère,
Car l'amour qui s'indigne est acerbe à goûter.

Béatrice se tut. Soudain le chœur céleste
Chante : *In te, Domine, speravi;* mais il reste
Au mot *pedes meos*, sans plus rien ajouter(7).

Ainsi que sur les monts touffus de l'Italie,
S'entassant par l'effet des vents d'Esclavonie,
La neige se congèle et se change en glacier,

Et puis se liquéfie et s'écroule, fondue,
Au vent plus chaud du sud où l'ombre est inconnue,
Comme la cire au feu fond dans le chandelier :

Tel j'étais sans soupirs ni pleurs, avant d'entendre
Ces anges, dont le chant harmonieux et tendre
Des orbes éternels accompagne le chœur.

Mais, lorsque j'eus ouï leur douce cantilène,
Et compris qu'ils étaient plus émus de ma peine
Que s'ils eussent dit tous: « Pourquoi navrer son cœur? »

Lo giel, che m' era 'ntorno al cuor ristretto,
Spirito ed acqua fessi, e con angoscia
Per la bocca, e per gli occhi uscì del petto.

Ella pur ferma in su la destra coscia
Del carro stando, alle sustanzie pie
Volse le sue parole così poscia:

Voi vigilate nell' eterno die,
Sì che notte, nè sonno a voi non fura
Passo, che faccia 'l secol per sue vie:

Onde la mia risposta è con più cura,
Che m' intenda colui, che di là piagne,
Perchè sia colpa e duol d' una misura.

Non pur per ovra delle ruote magne,
Che drizzan ciascun seme ad alcun fine,
Secondo che le stelle son compagne:

Ma per larghezza di grazie divine,
Che sì alti vapori hanno a lor piova,
Che nostre viste là non van vicine:

Questi fu tal nella sua vita nuova
Virtualmente, ch' ogni abito destro
Fatto averebbe in lui mirabil pruova.

CHANT XXX.

La glace qui s'était sur ce cœur amassée
Se fondit et jaillit de mon âme oppressée,
Par la bouche et les yeux, en larmes et sanglots.

Cependant, sans changer son attitude austère,
A la gauche du char ma dame, l'œil sévère,
Vers les pieux esprits (7) se tourne et dit ces mots :

« Vos yeux sont grands ouverts au sein du jour sans terme,
Et jamais le sommeil ni la nuit ne les ferme
Et ne leur cache un seul des pas que fait le temps!

Donc ce n'est pas pour vous que je parle à cette heure,
Mais pour me faire entendre à celui qui là pleure.
Sa douleur soit égale à ses égarements!

Non point par l'œuvre seul de ces sphères sans nombre
Qui mènent chaque germe à sa fin claire ou sombre,
Suivant le mouvement d'astres bons ou mauvais,

Mais par le large don de ces divines grâces
Dont la pluie a sa source en de si hauts espaces
Que même nos regards n'en approchent jamais,

Cet homme fut si bien doté dans son jeune âge,
Que s'il eût cultivé ses dons avec courage,
C'eût été de vertus un miroir merveilleux.

Ma tanto più maligno e più silvestro
Si fa 'l terren col mal seme e non côlto,
Quant' egli ha più di buon vigor terrestro.

Alcun tempo 'l sostenni col mio volto:
Mostrando gli occhi giovinetti a lui,
Meco 'l menava in dritta parte vôlto.

Si tosto, còme in su la soglia fui
Di mia seconda etade, e mutai vita,
Questi si tolse a me, e diessi altrui.

Quando di carne a spirto era salita,
E bellezza e virtù cresciuta m' era,
Fu' io a lui men cara e men gradita:

E volse i passi suoi per via non vera,
Immagini di ben seguendo false,
Che nulla promission rendono intera.

Nè l' impetrare spirazion mi valse,
Con le quali, ed in sogno ed altrimenti,
Lo rivocai; sì poco a lui ne calse.

Tanto giù cadde, che tutti argomenti
Alla salute sua eran già corti,
Fuor che mostrargli le perdute genti.

Mais plus un sol a bonne et féconde nature,
Plus par le mauvais grain ou faute de culture
On y cueille d'ivraie et de fruits vénéneux.

Un temps je le soutins avec mon seul visage,
En lui montrant mes yeux de jeune fille, et sage
Au droit chemin ainsi sur mes pas il marcha.

Mais à peine venue au seuil du second âge,
A l'heure où je sortis du terrestre passage,
Il m'abandonna, puis à d'autres se livra.

Quand de chair je devins esprit, âme affranchie,
Quand je fus en beauté comme en vertu grandie,
Son cœur à mes attraits ne fut plus tant soumis.

Il dirigea ses pas en des routes trompeuses.
Et poursuivit du bien les images menteuses
Qui ne tiennent jamais ce qu'elles ont promis.

En vain pour lui j'obtins, en songe et dans la veille,
Ces inspirations par qui Dieu nous conseille :
Au bien par nul effort il ne fut ramené.

Et je le vis tomber si bas que toutes peines
Pour faire son salut désormais étaient vaines,
Si je ne lui montrais le royaume damné.

Per questo visitai l'uscio de' morti,
E a colui, che l' ha quassù condotto,
Li prieghi miei piangendo furon porti.

L' alto fato di Dio sarebbe rotto,
Se Lete si passasse, e tal vivanda
Fosse gustata senza alcuno scotto

Di pentimento che lagrime spanda.

Pour ce j'ai visité des morts le séjour sombre,
Et pleurant j'ai porté ma prière à cette ombre,
Qui l'a fait sur ses pas jusqu'ici-haut venir.

Mais la sublime loi de Dieu serait enfreinte
S'il pouvait du Léthé traverser l'onde sainte
Et de ce mets divin s'il pouvait se nourrir,

Sans payer de ses pleurs l'écot du repentir. »

NOTES DU CHANT XXX.

(1) *Viens du Liban, ô mon épouse!* (Paroles du *Cantique des cantiques*, chap. IV.)

(2) *Béni sois tu toi qui viens!* (Paroles des Juifs lors de l'entrée de Jésus-Christ à Jérusalem.)

(3) *A pleines mains répandez les lis* (*Énéide*, livre VI).

(4) Béatrice est vêtue de blanc, de rouge et de vert, les trois couleurs de la foi, de la charité et de l'espérance. Et, comme symbole de paix, une couronne d'olivier surmonte son voile blanc.

(5) Souvenir de Virgile : *Agnosco veteris vestigia flammæ* (*Énéide*, livre III).

(6) De cette rosée dont Virgile avait lavé ses joues au sortir de l'Enfer (*Purgatoire*, chant Ier).

(7) *In te, Domine, speravi;* en toi, Seigneur, j'ai espéré, etc. (Psaume XXX, verset 1). Le verset 9 se termine par ces mots *In spatioso loco statuisti pedes meos.*

(8) *Alle sustanzie pie*, aux anges qui sont dans le char.

ARGUMENT DU CHANT XXXI.

Béatrice continue ses reproches. Dante l'écoute accablé et muet. Il lève les yeux vers elle, et la voit resplendissante, tournée vers le Griffon (Jésus-Christ) dont la double nature, divine et humaine, se réfléchit dans ses yeux. Il succombe à l'émotion. Mathilde le plonge alors dans le Léthé. Puis les belles danseuses (les vertus cardinales et théologales) qui entourent le char apocalyptique conduisent le poëte purifié vers Béatrice. Il la contemple sous son voile, dans toute la splendeur de sa beauté transfigurée.

CANTO TRENTESIMO PRIMO.

O tu, che se' di là dal fiume sacro,
Volgendo suo parlare a me per punta,
Che pur per taglio m' era parut' acro,

Ricominciò seguendo senza cunta,
Di', di', se quest' è vero: a tanta accusa
Tua confession conviene esser congiunta.

Era la mia virtù tanto confusa,
Che la voce si mosse, e pria si spense,
Che dagli organi suoi fosse dischiusa.

Poco sofferse; poi disse: Che pense?
Rispondi a me; chè le memorie triste
In te non sono ancor dall' acqua offense.

CHANT TRENTE-UNIÈME.

«Au bord du flot sacré, toi là-bas!» dit la dame
En tournant droit sur moi la pointe de sa lame,
Dont le taillant déjà m'avait semblé de feu (1),

Et s'acharnant sur moi sans trêve et de plus belle :
«Est-ce vrai tout cela? Parle, parle, dit-elle,
A l'accusation il faut joindre un aveu.»

Mon âme tout entière était bouleversée.
J'essayai de parler; mais ma voix oppressée
S'éteignit sur ma bouche en prenant son essor.

Elle attendit un peu, puis dit : à quoi tu penses?
Réponds-moi, car en toi, les tristes souvenances,
L'eau du Léthé n'a pu les effacer encor.»

Confusione, e paura insieme miste
Mi pinsero un tal *sì* fuor della bocca,
Al quale intender fur mestier le viste.

Come balestro frange, quando scocca,
Da troppa tesa la sua corda e l'arco,
E con men foga l'asta il segno tocca,

Sì scoppia' io sott' esso grave carco,
Fuori sgorgando lagrime e sospiri,
E la voce allentò per lo suo varco.

Ond' ell' a me: Perentro i miei desiri,
Che ti menavano ad amar lo bene,
Di là dal qual non è a che s' aspiri,

Quai fôsse attraversate, o quai catene
Trovasti: perchè del passare innanzi
Dovessiti così spogliar la spene?

E quali agevolezze, o quali avanzi
Nella fronte degli altri si mostraro,
Perchè dovessi lor passeggiare anzi?

Dopo la tratta d'un sospiro amaro,
Appena ebbi la voce, che rispose,
E le labbra a fatica la formaro.

Lors la confusion et mon angoisse ensemble
Arrachent un *oui* faible à ma lèvre qui tremble :
Il fallait le secours des yeux pour le saisir.

Tel un arc trop tendu : quand avec peine on lâche
La flèche, corde et bois se brisent; le trait lâche
Au but languissamment vient toucher et mourir :

Tel éclata mon cœur gros de honte et d'alarmes,
En dégorgeant un flot de sanglots et de larmes,
Et ma voix s'allanguit, suffoquée en chemin.

Elle alors : « Aux désirs où j'inclinais ton âme,
Qui te faisaient aimer le seul bien, pur dictame,
Et de tous les souhaits et le terme et la fin,

Quels obstacles as-tu trouvés? Quelles entraves?
Quels abîmes ont donc tenu tes pieds esclaves,
Qui dussent t'empêcher de passer plus avant? .

Quels délices, dis-moi, supérieurs aux nôtres,
Quels charmes as-tu vus briller au front des autres,
Que tu dusses ainsi t'élancer au devant? »

Par un soupir amer je commence : à grand'peine
Je trouvai pour répondre alors assez d'haleine,
Et ma lèvre exprimant le son avec effort,

Piangendo dissi: Le presenti cose
Col falso lor piacer volser mie' passi,
Tosto che 'l vostro viso si nascose.

Ed ella: Se tacessi, o se negassi
Ciò, che confessi, non fora men nota
La colpa tua: da tal Giudice sassi.

Ma quando scoppia dalla propria gota
L'accusa del peccato, in nostra corte,
Rivolge se contra 'l taglio la ruota.

Tuttavia perchè me' vergogna porte
Del tuo errore, e perchè altra volta,
Udendo le Sirene, sie più forte.

Pon giù 'l seme del piangere, ed ascolta:
Sì udirai, come 'n contraria parte
Muover doveati mia carne sepolta.

Mai non t'appresentò natura ed arte
Piacer, quanto le belle membra, in ch' io
Rinchiusa fui, e ch' or son terra sparte.

E se 'l sommo piacer sì ti fallìo
Per la mia morte: qual cosa mortale
Dovea poi trarre te nel suo disio?

Et répandant des pleurs : « Les biens présents, lui dis-je,
Ont égaré mes pas avec leur faux prestige,
Dès que votre beau front se voila dans la mort. »

« Quand tu voudrais ou taire ou nier, reprit-elle,
Le péché que tu dis, ta coulpe criminelle
Ne saurait échapper à qui rien n'est caché.

Mais quand tombe l'aveu des lèvres du coupable,
Dans notre sainte cour, au pécheur pitoyable,
Sur la meule à rebours le glaive est ébréché.

Mais pour te faire encor plus honte de tes chaînes,
Pour qu'aux séductions de la voix des sirènes
Plus fort à l'avenir tu puisses résister,

Que de tes pleurs la source ici s'arrête ! Écoute :
Apprends de moi comment dans la contraire route
Mon corps même en sa tombe aurait dû te porter.

Jamais, à tes regards, ni l'art, ni la nature,
N'offrit rien d'enchanteur comme la beauté pure
Du corps qui m'enfermait, terre et cendre aujourd'hui.

Et si cruellement ce suprême délice
T'échappant par ma mort, quel terrestre caprice,
Quel désir pouvait lors t'entraîner, après lui ?

Ben ti dovevi per lo primo strale,
Delle cose fallaci levar suso
Diretr' a me, che non era più tale.

Non ti dovea gravar le penne in giuso
Ad aspettar più colpi, o pargoletta,
O altra vanità con sì breve uso.

Nuovò augelletto due o tre aspetta:
Ma dinanzi dagli occhi de' pennuti
Rete si spiega indarno, o si saetta.

Quale i fanciulli, vergognando, muti
Con gli occhi a terra stannosi ascoltando,
E sè riconoscendo, e ripentuti;

Tal mi stav' io : ed ella disse : Quando
Per udir se' dolente, alza la barba,
E prenderai più doglia, riguardando.

Con men di resistenza si dibarba
Robusto cerro, o vero a nostral vento,
O vero a quel della terra d' Jarba,

Ch' io non levai al suo comando il mento :
E quando per la barba il viso chiese,
Ben conobbi 'l velen dell' argomento.

CHANT XXXI.

Bien plutôt devais-tu vers les célestes sphères,

Aux premiers traits de feu des choses mensongères,

Élever tes regards vers mon éternité.

Et tu ne devais pas ployer ainsi ton aile,

Pour attendre là-bas quelque flèche nouvelle

D'une fillette ou de toute autre vanité.

L'oiselet jeune éclos deux ou trois fois s'expose.

Mais c'est en vain qu'on tire, ou que lacs on dispose

Aux yeux d'oiseaux à qui les plumes ont poussé. »

Comme on voit les enfants, quand leur mère à voix haute

Les gronde, reconnaître en silence leur faute,

Et l'écouter contrits, rouges, et l'œil baissé :

Ainsi je me tenais. « Si de m'ouïr te peine,

Lève la barbe, dit encor ma souveraine,

Bien plus en regardant tu te condouleras! »

Avec un moindre effort s'arrache au sol un chêne,

Lorsque de nos climats l'âpre vent se déchaîne,

Ou bien celui qui vient du pays d'Iarbas (2),

Qu'à son commandement je ne levai la tête :

Et je pénétrai bien l'intention secrète

Qui lui fit par la barbe ainsi m'interpeller (3).

E come la mia faccia si distese,
Posarsi quelle prime creature,
Da loro apparsïon l'occhio comprese:

E le mie luci ancor poco sicure,
Vider Beatrice volta in su la fiera,
Ch' è sola una persona in duo nature.

Sotto suo velo e oltre la riviera
Verde, pareami più sè stesse antica
Vincer, che l'altre qui, quand' ella c'era.

Di penter sì mi punse ivi l'ortica,
Che di tutt' altre cose, qual mi torse
Più nel suo amor, più mi si fe' nimica.

Tanta riconoscenza il cuor mi morse,
Ch' io caddi vinto: e quale allora femmi,
Salsi colei, che la cagion mi porse.

Poi quando 'l cuor virtù di fuor rendemmi,
La donna, ch' io avea trovata sola,
Sopra me vidi; e dicea: Tiemmi, tiemmi.

Tratto m' avea nel fiume infino a gola,
E tirandosi me dietro, sen' giva
Sovr' esso l'acqua lieve come spola.

CHANT XXXI.

Et comme je dressais le front, je vis les anges
Qui se tenaient en paix, radieuses phalanges,
Et les fleurs de leurs mains qui cessaient de couler.

Et je vis, de ma vue encor mal assurée,
Béatrix faisant face à la bête sacrée
Dont la nature est double et qui reste unité.

Sous son voile, au delà de la verte rivière,
Ainsi qu'elle effaçait les autres sur la terre,
Elle-même éclipsait son ancienne beauté.

Alors du repentir si vive fut l'ortie,
Que, de tous les objets où s'égara ma vie,
Ce que j'aimai le plus me fit le plus d'horreur.

Un si poignant remords s'enfonça dans mon âme
Que je tombai vaincu. Quel je devins, la dame
Le sait, de qui venaient mon trouble et ma douleur.

Puis alors qu'à mon cœur la force fut rendue,
La dame que j'avais d'abord seule aperçue (4),
Je la vis près de moi disant : « Tiens-moi, tiens-moi ! »

Elle m'avait traîné jusques à la rivière
Où j'entrai jusqu'au col. Comme barque légère
Elle courait sur l'eau, me traînant après soi.

Quando fu' presso alla beata riva,
Asperges me sì dolcemente udissi,
Ch' io nol so rimembrar, non ch' io lo scriva.

La bella donna nelle braccia aprissi,
Abbracciommi la testa, e mi sommerse,
Ove convenne, ch' io l' acqua inghiottissi:

Indi mi tolse, e bagnato m' offerse
Dentro alla danza delle quattro belle,
E ciascuna col braccio mi coperse.

Noi sem qui Ninfe, e nel Ciel semo stelle:
Pria che Beatrice discendesse al Mondo,
Fummo ordinate a lei per sue ancelle.

Menrenti agli occhi suoi: ma nel giocondo
Lume, ch' è dentro, aguzzeran li tuoi
Le tre di là, che miran più profondo.

Così cantando cominciaro: e poi
Al petto del Grifon seco menârmi,
Ove Beatrice volta stava a noi:

Disser: Fa che le viste non risparmi:
Posto t' avem dinanzi agli smeraldi,
Ond' Amor già ti trasse le sue armi.

Quand je fus près du bord où se tenaient les anges,

Asperges me, chantaient les heureuses phalanges :

Ineffables accents, même en mon souvenir !

La belle dame ouvrit ses bras, et, sur ma tête

Les nouant, me plongea dans la vague secrète,

Afin que je m'y pusse abreuver à loisir.

Ainsi purifié de mes flammes mortelles,

Elle m'introduisit au chœur des quatre belles(5),

Et chacune aussitôt de son bras m'enlaça.

« Étoiles dans le Ciel, Nymphes près de cette onde,

Avant que Béatrix descendît dans le monde,

A la suivre et servir le Ciel nous consacra.

Nous allons te mener devant les douces flammes

Qui brillent dans ses yeux ; mais avant, ces trois femmes,

Aux regards plus profonds (6), les tiens aiguiseront.

C'est ainsi qu'en chantant ces vierges m'agréèrent,

Puis, devant le Griffon par la main m'entraînèrent ;

Sur son sein Béatrice avait tourné le front.

« Rassasie à plaisir tes yeux près de ces rives,

Dirent-elles : voici les émeraudes vives,

D'où l'Amour a tiré les traits qui t'ont blessé. »

Mille disiri più che fiamma caldi
Strinsermi gli occhi agli occhi rilucenti,
Che pur sovra 'l Grifone stavan saldi.

Come in lo specchio il Sol, non altrimenti
La doppia fiera dentro vi raggiava
Or con uni, or con altri reggimenti.

Pensa, Lettor, s'io mi maravigliava,
Quando vedea la cosa in sè star queta,
E nell' idolo suo si transmutava.

Mentre che piena di stupore e lieta
L' anima mia gustava di quel cibo,
Che saziando di sè, di sè asseta:

Sè dimostrando del più alto tribo
Negli atti, l' altre tre si fero avanti,
Cantando al loro angelico caribo.

Volgi, Beatrice, volgi gli occhi santi,
Era la sua canzone, al tuo fedele,
Che per vederti ha mossi passi tanti.

Per grazia fa noi grazia, che disvele
A lui la bocca tua, sì che discerna
La seconda bellezza, che tu cele.

Mille désirs soudain plus ardents que la flamme
Rivèrent mon regard à celui de ma dame,
Qui demeurait toujours sur le Griffon fixé.

Ainsi que le soleil au miroir se reflète,
Dans ses yeux rayonnait ainsi la double bête,
Offrant telle nature ou telle autre à son gré (7).

Pense, lecteur, combien fut ma surprise extrême,
Quand je voyais l'objet, en soi toujours le même,
Dans l'œil de Béatrice ainsi transfiguré !

Comme pleine à la fois de stupeur et de liesse,
Mon âme savourait la manne enchanteresse
Dont plus on mange, plus est affamé le cœur,

Accusant à leur air plus haut rang, sérieuses,
S'avancèrent alors les trois autres danseuses ;
Sur un mode angélique elles chantaient en chœur :

« Tourne tes yeux sacrés, ô Béatrice, ô belle !
(Telle était la chanson) vers ton servant fidèle,
Qui pour te contempler n'a point compté ses pas.

Par grâce, sous ton voile, ô sainte enchanteresse,
Fais briller ton souris : qu'à ses yeux apparaisse
La seconde beauté que tu ne montres pas (8) ! »

O isplendor di viva luce eterna,
Chi pallido si fece sotto l' ombra
Sì di Parnaso, o bevve in sua cisterna,

Che non paresse aver la mente ingombra,
Tentando a render te, qual tu paresti,
Là dove armonizzando il Ciel t' adombra,

Quando nell' aere aperto ti solvesti?

O splendeur de lumière éternelle et vivace!
Quel homme ayant pâli sous l'ombre de Parnasse,
Maintes fois dans ses flots s'étant plongé déjà,

Dont la voix ne serait à te peindre impuissante,
Telle que je te vis alors éblouissante,
Quand le Ciel t'ombrageait d'harmonie, et que là

Au grand jour, tout à coup, ton front se dévoila!

NOTES DU CHANT XXXI.

(1) Elle s'était adressée d'abord aux anges, elle lui parle maintenant directement.

(2) Monarque africain. .....*Despectus Jarbas*
Ductoresque alii.....
(*Énéide*)

(2) L'interpeller par la barbe, c'était lui rappeler que ses fautes étaient d'autant moins excusables qu'il les avait commises à l'âge d'homme.

(4) Mathilde.

(5) Les quatre Vertus cardinales.

(6) Les trois Vertus théologales.

(7) Le Griffon, *la doppia fiera*, c'est Jésus-Christ. Le poëte ne craint pas de représenter l'Homme-Dieu se réfléchissant dans es yeux de la femme qu'il a aimée. La fiction serait osée pour un poëte catholique et orthodoxe, si Béatrice, on l'a vu à son apparition magnifique et à ses reproches où la tendresse de la femme se fond dans une divine austérité, ne se montrait ici tout à fait transfigurée. Jésus-Christ peut se réfléchir en elle, car dans l'apothéose rêvée pour son amante par le poëte, elle apparaît comme la science des vérités divines, comme la théologie elle-même. Étrange, mais sublime transsubstantiation! Ainsi Dante justifie ces paroles qu'il avait prononcées (*Vie nouvelle*) sur la tombe de la fille de Folco Portinari : « Si Celui par qui toutes choses existent permet que mon séjour se prolonge sur la terre, j'espère dire de cette femme ce qui n'aura jamais été dit d'aucune autre ! »

(8) La seconde beauté, c'est-à-dire cette beauté céleste et toute spirituelle que Béatrice n'a pas encore dévoilée.

ARGUMENT DU CHANT XXXII.

Après s'être abîmé dans la contemplation de Béatrice, Dante voit les vieillards, le Griffon, le char, tout le cortége qui se met en marche. Il suit la procession avec Mathilde et Stace. Le cortége s'arrête auprès de l'arbre de vie. Le Griffon (l'Homme-Dieu) attache le char à l'arbre, et l'arbre dépouillé reverdit. Mais bientôt se déroule toute une vision terrible. Un aigle fond sur l'arbre sacré. Le char (symbole de l'Église) est défiguré, dévasté et souillé par des monstres et emporté enfin par un géant.

CANTO TRENTESIMO SECONDO.

Tanto eran gli occhi miei fissi ed attenti
A disbramarsi la decenne sete,
Che gli altri sensi m' eran tutti spenti:

Ed essi quinci e quindi avean parete
Di non caler, così lo santo riso
A sè traèli con l' antica rete:

Quando per forza mi fu volto 'l viso
Ver la sinistra mia da quelle Dee,
Perch' io udia da loro un: *troppo fiso*.

E la disposizion, ch' a veder' ee
Negli occhi, pur testè dal Sol percossi,
Senza la vista alquanto esser mi fee:

CHANT TRENTE-DEUXIÈME.

J'étanchais, l'œil avide et fixé sur ma dame,
Une soif qui depuis dix ans brûlait mon âme(1),
Et tous mes autres sens étaient anéantis.

Indifférents ailleurs, mes yeux, pour ainsi dire,
Restaient comme murés sur le divin sourire
Qui dans ses anciens lacs déjà m'avait repris,

Quand par force je fus tiré de mon extase
Et détournai la tête à gauche, à cette phrase
Des Saintes qui disaient : *Trop fixe est ton regard*.

Un trouble tout semblable à celui que nous laisse
Dans les yeux le soleil, quand en face il nous blesse,
Sur ma vue un moment jeta comme un brouillard.

Ma poichè al poco il viso riformossi,
Io dico al poco, per rispetto al molto
Sensibile, onde a forza mi rimossi,

Vidi in sul braccio destro esser rivolto
Lo glorïoso esercito, e tornarsi
Col Sole e con le sette fiamme al volto.

Come sotto li scudi, per salvarsi,
Volgesi schiera, e sè gira col segno,
Prima che possa tutta in sè mutarsi;

Quella milizia del celeste regno,
Che precedeva, tutta trapassonne,
Pria che piegasse 'l carro il primo legno.

Indi alle ruote si tornâr le donne,
E 'l Grifon mosse 'l benedetto carco,
Sì che però nulla penna crollonne.

La bella donna, che mi trasse al varco,
E Stazio, ed io seguitavam la ruota,
Che fe' l'orbita sua con minore arco

Sì passeggiando l'alta selva vota,
Colpa di quella, ch' al serpente crese,
Temprava i passi in angelica nota.

CHANT XXXII.

Quand, pour un faible jour, je rouvris ma paupière
(Faible en comparaison de l'immense lumière
Dont j'avais, malgré moi, dû m'éloigner un peu),

A main droite je vis la milice immortelle
Qui s'était retournée alors; et devant elle
Brillaient les sept flambeaux et le soleil en feu.

Boucliers en avant et bannières en tête,
Ainsi qu'un bataillon qui volte et ne s'arrête
Que quand le changement de front est terminé :

Du céleste séjour cette milice altière,
A droite conversant, défila tout entière
Avant que le timon du char se fût tourné.

A chaque roue alors se remirent les belles;
Et, sans que le Griffon parût mouvoir les ailes,
S'ébranla lentement le fardeau triomphal.

La dame qui, dans l'onde, avait lavé ma boue,
Stace et moi, tous les trois, suivîmes à la roue
Qui traça le moindre arc en tournant dans le val(2).

Et traversant ainsi cette forêt couverte,
Qui par le péché d'Ève est aujourd'hui déserte,
Nous accordions nos pas au chant des bienheureux.

Forse in tre voli tanto spazio prese
Disfrenata saetta, quanto eramo
Rimossi, quando Beatrice scese.

Io senti' mormorare a tutti, Adamo:
Poi cerchiaro una pianta dispogliata
Di fiori, e d'altra fronda in ciascun ramo.

La chioma sua, che tanto si dilata
Più, quanto più è su, fora dagl' Indi
Ne' boschi lor per altezza ammirata.

Beato se', Grifon, che non discindi
Col becco d'esto legno dolce al gusto,
Posciachè mal si torse 'l ventre quindi:

Così d'intorno all' arbore robusto
Gridaron gli altri: e l'animal binato,
Sì si conserva il seme d'ogni giusto.

E vôlto al temo, ch' egli avea tirato,
Trasselo al piè della vedova frasca;
E quel di lei lasciò legato.

Come le nostre piante, quando casca
Giù la gran luce mischiata con quella,
Che raggia dietro alla celeste Lasca,

Nous avions parcouru dans ces belles vallées
La distance qu'un trait franchit en trois volées,
Quand du char Béatrix descendit à mes yeux.

La troupe exhale alors comme un plaintif murmure :
« Adam! » et court auprès d'un arbre sans parure,
De feuillage et de fleurs privé tout à la fois (3).

Plus sa cime s'élève et monte dans les nues,
Plus s'étendent au large aussi ses branches nues :
Sa hauteur eût surpris l'Indien dans ses bois.

« O Griffon, gloire à toi, qui n'as pas voulu mordre
A l'arbre doux au goût, mais, las! qui fit se tordre
Si douloureusement le flanc qui l'absorba! »

Ainsi rangée autour de l'arbre au tronc énorme,
Clama toute la troupe ; à quoi l'être biforme :
« Le germe de tout bien se conserve par là » (4).

Vers le timon du char tournant lors sa figure,
Il le tira jusqu'à l'arbre veuf de verdure,
Auquel il attacha le char et le timon.

Tels nos arbres, lorsque sur la terre ruisselle
La clarté du soleil confondue avec celle
Qui resplendit après le céleste Poisson (5),

Torgide fansi, e poi si rinnovella
Di suo color ciascuna, pria che 'l Sole
Giunga li suoi corsier, sott' altra stella;

Men che di rose, e più che di viole,
Colore aprendo, s' innovò la pianta,
Che prima avea le ramora sì sole.

Io non lo 'ntesi, nè quaggiù si canta
L' inno, che quella gente allor cantaro,
Nè la nota soffersi tutta quanta.

S' io potessi ritrar, come assonnaro
Gli occhi spietati, udendo di Siringa,
Gli occhi, a cui più vegghiar costò sì caro;

Come pintor, che con esemplo pinga,
Disegnerei, com' io m' addormentai:
Ma qual vuol sia, che l' assonnar ben finga:

Però trascorro a quando mi svegliai:
E dico, ch' un splendor mi squarciò 'l velo
Del sonno, e un chiamar: Surgi, che fai?

Quale a veder de' fioretti del melo,
Che del suo pomo gli Angeli fa ghiotti,
E perpetue nozze fa nel Cielo,

Se couvrent de bourgeons et de couleurs nouvelles,

Avant que le soleil, aux sphères éternelles,

Ait sous une autre étoile attelé ses coursiers :

Ainsi fleurit soudain dans sa métamorphose,

Nuançant ses couleurs de violette et de rose,

L'arbre dont les rameaux étaient si dépouillés(6).

La troupe entonne alors un hymne délectable :

On n'en chanta jamais sur terre de semblable;

Je n'en pus jusqu'au bout supporter les accents.

Si je pouvais narrer comment la douce fable

De Syrinx, endormit l'Argus impitoyable

A qui coûta si cher de veiller trop longtemps(7),

Copiant comme un peintre alors d'après nature,

Du sommeil qui me prit je ferais la peinture.

Mystère du sommeil, t'explique qui voudra!

Donc je passe au moment où s'ouvrit ma paupière.

Je m'éveillai devant une belle lumière :

Une voix me cria : « Debout! que fais-tu là? »

Ainsi conduits pour voir couvert de fleurs splendides

L'arbre qui de son fruit rend les anges avides,

Et qui sert dans le Ciel aux banquets sans pareils,

Pietro e Giovanni e Jacopo condotti,
E vinti ritornaro alla parola,
Dalla qual furon maggior sonni rotti,

E videro scemata loro scuola,
Così di Moisè, come d' Elia
E al Maestro suo cangiata stola;

Tal torna' io: e vidi quella pia
Sovra me starsi, che conducitrice
Fu de' miei passi lungo 'l fiume pria:

E tutto in dubbio dissi: Ov' è Beatrice?
Ed ella: Vedi lei sotto la fronda
Nuova sedersi in su la sua radice.

Vedi la compagnia, che la circonda:
Gli altri, dopo 'l Grifon, sen vanno suso,
Con più dolce canzone, e più profonda.

E se fu più lo suo parlar diffuso,
Non so: perocchè già negli occhi m' era
Quella ch' ad altro intender m' avea chiuso.

Sola sedeasi in su la terra vera,
Come guardia lasciata li del plaustro,
Che legar vidi alla biforme fiera.

CHANT XXXII.

Pierre, Jacques et Jean, renversés par la crainte,
Recouvrirent soudain leurs sens à la voix sainte
Qui savait secouer de plus profonds sommeils,

Et virent qu'auprès d'eux venaient de disparaître
Élie avec Moïse, et que du divin Maître
L'étole avait changé de couleur(8) : tout à coup

Tel je me réveillai, tel je vis la pieuse,
La dame qui m'avait miséricordieuse
Conduit le long du fleuve, auprès de moi debout.

Tout en peine je dis : Où Béatrice est-elle?
Et la vierge : « Dessous la frondaison nouvelle
Elle est assise au pied de l'arbre : à ses genoux

Regarde son escorte autour d'elle rangée :
La suite du Griffon au Ciel s'est dirigée,
Et l'hymne monte aussi plus profond et plus doux. »

La vierge parla-t-elle encore davantage?
Je ne sais : car déjà j'avais vu le visage
De celle qui tenait tous mes sens en prison.

Seule dans cet Éden, assise sur la terre,
Elle semblait devoir garder le char austère
Qu'à l'arbre j'avais vu lié par le Griffon.

In cerchio le facevan di sè claustro
Le sette Ninfe con que' lumi in mano,
Che son sicuri d'Aquilone, e d'Austro.

Qui sarai tu poco tempo silvano,
E sarai meco senza fine cive
Di quella Roma, onde Cristo è Romano:

Però in pro del mondo, che mal vive,
Al carro tieni or gli occhi, e quel, che vedi,
Ritornato di là, fa che tu scrive:

Così Beatrice; ed io, che tutto a' piedi
De' suoi comandamenti era devoto,
La mente e gli occhi, ov' ella volle, diedi.

Non scese mai con sì veloce moto
Fuoco di spessa nube, quando piove
Da quel confine, che più è remoto:

Com' io vidi calar l' uccel di Giove
Per l' arbor, giù rompendo della scorza
Non che de' fiori e delle foglie nuove:

E ferio il carro di tutta sua forza:
Ond' ei piegò, come nave in fortuna,
Vinta dall' onde or da poggia or da orza.

CHANT XXXII.

En cercle l'entouraient de vivantes barrières

Les sept nymphes, tenant en main les sept lumières

Contre qui l'Aquilon ni l'Auster ne peut rien (9).

Ton séjour sera court dans ces bois, mon fidèle !

Tu seras avec moi pour la vie éternelle,

Dans cette Rome où Christ est premier citoyen (10).

C'est pourquoi pour le bien du monde qui s'égare,

Sur le char tiens tes yeux, et ce qui se prépare,

A ton retour là-bas redis-le par écrit.

En ces mots me parla Béatrix. Moi, dont l'âme

Se prosternait d'avance aux ordres de ma dame,

Je fixai sur le char et les yeux et l'esprit.

Plus prompt qu'on ne peut voir, dans le fort des orages,

Le foudre s'élancer en crevant les nuages,

Lorsque l'eau tombe à flots des confins de l'éther,

Soudain je vis du Ciel fondre avec une force

A briser le feuillage et les fleurs et l'écorce

Sur l'arbre reverdi l'oiseau de Jupiter.

Puis il frappa le char avecque violence,

Et le char de plier, ainsi que se balance

Un navire en péril et battu par les flots.

Poscia vidi avventarsi nella cuna
Del trïonfal veicolo una volpe,
Che d' ogni pasto buon parea digiuna.

Ma riprendendo lei di laide colpe
La donna mia, la volse in tanta futa,
Quanto sofferson l' ossa senza polpe.

Poscia per indi, ond' era pria venuta,
L' aguglia vidi scender giù nell' arca
Del carro, e lasciar lei di sè pennuta.

E qual' esce di cuor, che si rammarca,
Tal voce uscì del Cielo, e cotal disse,
O navicella mia, com' mal se' carca!

Poi parve a me, che la terra s' aprisse
Tra 'mbo le ruote, e vidi uscirne un drago,
Che per lo carro su la coda fisse:

E come vespa, che ritragge l' ago,
A sè traendo la coda maligna,
Trasse del fondo, e gissen vago vago.

Quel che rimase, come di gramigna
Vivace terra, della piuma offerta,
Forse con intenzion casta e benigna,

CHANT XXXII.

Alors sous les arceaux de ce char angélique
Je vis s'aventurer un renard famélique;
Ses mauvais aliments se voyaient à ses os.

Mais en lui reprochant ses laides coulpes, vite
Ma dame au même instant lui fit prendre la fuite,
Il s'enfuit chancelant sur ses os décharnés.

Puis, du côté par où d'abord elle est venue,
Dedans l'arche du char l'aigle était descendue,
De ses plumes laissant les coussins empennés.

Alors, comme un sanglot d'un cœur qui se déchire,
J'entendis une voix du Ciel descendre et dire:
« Hélas, ô mon vaisseau! te voilà mal chargé! »

Ensuite il me sembla que s'entr'ouvrait la terre
Entre les deux essieux. Un dragon, tête altière,
En sort, et dans le char sa queue il a plongé.

Ensuite ramenant à soi sa queue impure,
Comme un taon retirant son dard de la piqûre,
Avec le fond du char, ivre fuit le dragon.

Et comme de chiendent se charge un sol sauvage,
Ce qui resta du char se garnit du plumage
Offert peut-être à bonne et pure intention.

Si ricoperse, e funne ricoperta
E l'una e l'altra ruota, e 'l temo in tanto,
Che più tiene un sospir la bocca aperta.

Trasformato così 'l dificio santo
Mise fuor teste per le parti sue,
Tre sovra 'l temo, e una in ciascun canto.

Le prime eran cornute, come bue:
Ma le quattro un sol corno avean per fronte:
Simile mostro in vista mai non fue.

Sicura, quasi rocca in alto monte,
Seder sovr' esso una puttana sciolta
M' apparve con le ciglia intorno pronte.

E come perchè non li fosse tolta,
Vidi di costa a lei dritto un gigante:
E baciavansi insieme alcuna volta.

Ma perchè l'occhio cupido e vagante
A me rivolse, quel feroce drudo
La flagellò dal capo insin le piante.

Poi di sospetto pieno e d'ira crudo
Disciolse 'l mostro, e trassel per la selva
Tanto che sol di lei mi fece scudo

Alla puttana, e alla nuova belva.

CHANT XXXII.

Et chaque roue en fut si vite recouverte,
Qu'un soupir plus longtemps tient notre bouche ouverte :
Le char jusqu'au timon en fut tout calfaté.

De la sainte machine, à ce point transformée,
Surgit à chaque coin une tête animée :
Trois d'abord au timon, une à chaque côté.

Les premières avaient comme les bœufs deux cornes,
Un seul croissant armait le front des autres nornes.
Nulle part ne se vit phénomène pareil.

Sur le char, comme un roc sur un mont, toute nue
Une prostituée assise est apparue,
Promenant ses regards éhontés au soleil.

Un géant se tenait debout à côté d'elle,
Comme pour empêcher qu'on lui ravît sa belle.
Et tous deux par moment s'embrassaient sans pudeur.

Mais pour avoir surpris un regard plein de flamme
Qu'elle dardait sur moi, le drille prend sa dame
Et de la tête aux pieds la fouaille avec fureur.

Puis, dans sa jalousie et dans sa rage sombre,
Il détache le char qu'il entraîne dans l'ombre
Sous le bois, où bientôt disparaissent tous deux,

Et la prostituée et le monstre hideux (11).

NOTES DU CHANT XXXII.

(1) Béatrice était morte en 1290 et le Dante a accompli son voyage en l'an 1300.

(2) C'est-à-dire à la roue droite, qui, dans le mouvement de conversion du char à droite, devait tracer sur le sol un arc de cercle plus petit que la roue gauche.

(3) L'arbre de la science du bien et du mal que la désobéissance d'Adam a condamné à la stérilité.

(4) L'apostrophe des patriarches au Griffon est obscure, sa réponse l'est plus encore. On l'explique ainsi : C'est en obéissant comme j'ai fait que l'on conserve la grâce.

(5) Confondu avec les rayons de la constellation du Bélier qui suit le signe des Poissons, autrement dit : au printemps.

(6) Le Griffon (Jésus-Christ) a rattaché le char (l'Église) à l'arbre de vie, aussitôt l'arbre dépouillé par la faute d'Adam reverdit. C'est un symbole de la rédemption.

(7) Argus avait été chargé par Junon de veiller sur Io. Mercure, chargé d'enlever Io pour Jupiter, endormit Argus en lui contant les aventures de Syriux et le tua pendant son sommeil.

(8) Voir dans l'Évangile de saint Matthieu, chap. XVII, le récit de la transfiguration de Jésus sur le Thabor.

(9) Les quatre vertus cardinales et les trois vertus théologales tenant à la main les sept candélabres.

(10) Dans la Rome céleste, au Paradis.

(11) Toute cette vision qui termine le chant, est une allégorie des souffrances de l'Église. Le char ou l'Église est attaqué par l'aigle impériale. Le renard est l'hérésie. Les plumes dont l'aigle remplit le char figurent les biens temporels donnés par Constantin à l'Église pour son malheur. Le dragon, suivant le sentimen le plus général, est Mahomet. Les sept têtes qui sortent du char sont les sept péchés capitaux. La prostituée est la cour romaine corrompue, le géant qui l'embrasse et la fouaille est Philippe-le-Bel.

ARGUMENT DU CHANT XXXIII.

Béatrice avec son escorte se met en marche. Dante l'accompagne. Prédictions allégoriques de Béatrice sur le rétablissement du char (l'Église) si monstrueusement défiguré et sur le châtiment réservé aux coupables. Dante est ensuite plongé par Mathilde dans les eaux délicieuses de l'Eunoë qui rend le souvenir du bien qu'on a fait. Il en sort tout renouvelé et dispos à monter au Paradis. Fin de la seconde Cantica.

CANTO TRENTESIMO TERZO.

Deus, venerunt gentes, alternando
Or tre or quattro, dolce salmodia
Le donne incominciaro lagrimando.

E Beatrice sospirosa e pia
Quelle ascoltava sì fatta, che poco
Più alla croce si cambiò Maria.

Ma poichè l'altre vergini dier loco
A lei di dir: levata dritta in piè,
Rispose colorata, come fuoco:

*Modicum et non videbitis me:
Et iterum*, sorelle mie dilette,
Modicum, et vos videbitis me.

CHANT TRENTE-TROISIÈME.

Deus, advenerunt gentes, psalmodièrent
Plaintivement alors les nymphes et pleurèrent,
Alternant en deux chœurs, ores quatre, ores trois (1).

Près d'elles Béatrix, soupirant affligée,
Les écoutait chanter pâle et toute changée,
Comme Marie au pied de la divine croix.

Mais quand ce fut son tour à donner la réplique,
Tout debout se leva la maîtresse angélique,
Et le front empourpré, le regard enflammé :

Modicum et me non videbitis, dit-elle,
O les sœurs de mon cœur, mon escorte immortelle!
Iterum modicum et videbitis me (2).

Poi le si mise innanzi tutte e sette:
E dopo sè, solo accennando mosse
Me, e la donna, e 'l savio, che ristette.

Così sen giva: e non credo, che fosse
Lo decimo suo passo in terra posto,
Quando con gli occhi gli occhi mi percosse.

E con tranquillo aspetto: Vien più tosto,
Mi disse, tanto, che s' io parlo teco,
Ad ascoltarmi tu siè ben disposto.

Sì com' io fui, com' io doveva, seco,
Dissemi: Frate, perchè non t' attenti
A dimandar omai, venendo meco?

Come a color, che troppo reverenti
Dinanzi a' suoi maggior parlando sono,
Che non traggon la voce viva a' denti:

Avvenne a me, che senza 'ntero suono
Incominciai: Madonna, mia bisogna
Voi conoscete, e ciò ch' ad essa è buono.

Ed ella a me: Da tema, e da vergogna
Voglio che tu omai ti disviluppe,
Sì che non parli più com' uom, che sogna

CHANT XXXIII.

Puis, devant soi rangeant son escorte céleste,
A la suivre à son tour nous invita du geste,
Moi, ma compagne et Stace encore à mes côtés (3).

Elle se mit en marche alors, et n'avait guère
Posé son pied sacré plus de dix fois à terre,
Quand furent mes regards par les siens arrêtés.

Et l'air calme et serein, avec un doux visage :
« Approche-toi de moi, dit-elle, davantage,
Si tu veux que ma voix parvienne jusqu'à toi. »

J'obéis, et lorsque je fus tout auprès d'elle :
« Tu ne songes donc pas, dit-elle, ô mon fidèle,
A me rien demander en marchant avec moi ? »

Il m'advint, comme à ceux qui se sentent confondre,
A leurs supérieurs quand ils ont à répondre :
Les mots entre leurs dents expirent achoppés.

« Madone, vous savez ce qui m'est nécessaire,
Et ce qui peut aussi mon besoin satisfaire ! »
Dis-je en balbutiant à mots entrecoupés.

« Près de moi, désormais, répondit la voix sainte,
Dépouille tout à fait et la honte et la crainte,
Et ne bégaye plus comme un homme endormi !

Sappi, che 'l vaso, che 'l serpente ruppe,
Fu, e non è: ma chi n' ha colpa, creda,
Che vendetta di Dio non teme suppe.

Non sarà tutto tempo senza reda
L'aguglia, che lasciò le penne al carro:
Perchè divenne mostro, e poscia preda.

Ch' io veggio certamente, e però 'l narro,
A darne tempo già stelle propinque
Sicure d' ogn' intoppo e d' ogni sbarro;

Nel quale un cinquecento diece e cinque
Messo di Dio anciderà la fuia,
E quel gigante, che con lei delinque.

E forse che la mia narrazion buia,
Qual Temi e Sfinge, men ti persuade:
Perch' al lor modo lo 'ntelletto attuia:

Ma tosto fien li fatti le Naiade,
Che solveranno questo enigma forte
Senza danno di pecore e di biade.

Tu nota: e sì come da me son porte
Queste parole, sì le 'nsegna a' vivi
Del viver, ch' è un correre alla morte:

CHANT XXXIII.

Le char n'est plus : le monstre en a brisé la coupe.
Mais les auteurs du mal sachent qu'aucune soupe
Ne désarme de Dieu le courroux ennemi (4) !

Quelqu'un recueillera tôt ou tard l'héritage
De l'aigle qui laissa dans le char son plumage,
Et de lui fit un monstre à la fin dévoré.

D'un avenir certain je déchire les voiles.
Bientôt le jour viendra (je le vois aux étoiles
Que jamais rien n'arrête en leur cours assuré)

Du *cinq cent dix et cinq* (5) que le Ciel secourable
Enverra pour tuer la fouine exécrable,
Ainsi que le géant, son complice maudit.

Obscur comme Thémis et le vieux Sphynx, peut-être
Moins avant dans ton cœur mon oracle pénètre,
Parce qu'à leur manière il offusque l'esprit.

Mais les faits deviendront avant peu des Naïades
Qui sauront débrouiller le nœud de ces charades,
Sans que blés ni troupeaux en éprouvent nul tort (6).

Toi, note exactement ce que tu viens d'entendre ;
Et, ces paroles-là, souviens-toi de les rendre
Aux vivants dont la vie est un vol vers la mort !

Ed aggi a mente, quando tu le scrivi,
Di non celar qual hai vista la pianta,
Ch' è or duo volte dirubata quivi.

Qualunque ruba quella, o quella schianta,
Con bestemmia di fatto offende Dio,
Che solo all' uso suo la creò santa.

Per morder quella, in pena e in disio
Cinque mil' anni e più l' anima prima
Bramò colui, che 'l morso in se punio.

Dorme lo 'ngegno tuo, se non istima,
Per singular cagione esser eccelsa
Lei tanto, e sì travolta nella cima.

E se stati non fossero acqua d' Elsa
Li pensier vani intorno alla tua mente,
E 'l piacer loro un Piramo alla gelsa,

Per tante circostanze solamente
La giustizia di Dio nello interdetto
Conosceresti all' alber moralmente.

Ma perch' io veggio te nello 'ntelletto
Fatto di pietra, ed in peccato tinto,
Sì che t' abbaglia il lume del mio detto;

CHANT XXXIII.

Et ressouviens-toi bien, en écrivant, de dire
Dans quel état tu vis l'arbre saint, et d'écrire
Comme il fut par deux fois sous tes yeux profané.

Quiconque le dépouille ou bien le déracine
Blasphème par le fait la Puissance divine,
Qui, l'ayant créé saint, se l'était destiné.

Pour en avoir goûté, la première âme en peine
Dut cinq mille ans et plus attendre en sa géhenne
Le Sauveur qui sur soi châtia le méfait.

Ton esprit dort encor, si sa faible lumière
Ne te montre à présent la raison singulière
Qui fait que l'arbre est haut et si large au sommet.

Et si de vains pensers ta raison viciée
Comme par l'eau d'Elsa n'était pétrifiée,
Par eux tachée, ainsi que de sang le mûrier,

Tout ce que je t'ai dit te suffirait, je pense,
Pour connaître et chérir cette juste défense
Que Dieu fit de toucher à son divin pommier.

Mais comme, je le vois, ton esprit est de pierre,
Qu'il est par le péché si noir que ta paupière
De mon verbe éclatant ne soutient pas le jour,

Voglio anche, e se non scritto, almen dipinto
Che 'l te ne porti dentro a te per quello,
Che si reca il bordon di palma cinto.

Ed io: Sì come cera da suggello,
Che la figura impressa non trasmuta,
Segnato è or da voi lo mio cervello.

Ma perchè tanto sovra mia veduta
Vostra parola disiata vola,
Che più la perde, quanto più s'aiuta?

Perchè conoschi, disse, quella scuola,
C' hai seguitata, e veggi sua dottrina
Come può seguitar la mia parola:

E veggi vostra via dalla divina
Distar cotanto, quando si discorda
Da terra 'l Ciel, che più alto festina.

Ond' io risposi lei: Non mi ricorda
Ch' io straniassi me giammai da voi,
Nè honne coscïenzia, che rimorda.

E se tu ricordar non te ne puoi,
Sorridendo rispose, or ti rammenta,
Sì come di Leteo beesti ancoi:

Emportes-en du moins dans ton cœur quelque image,
Comme le pèlerin au bourdon de voyage
Attache en souvenir une palme au retour. »

Et moi je répondis : « Telle une cire dure
Du cachet à jamais conserve la figure,
Je garde en mon cerveau tous vos discours empreints.

Mais dites-moi pourquoi votre chère parole
Plane au-dessus de moi dans l'air et si haut vole
Que plus je prends de peine, hélas, moins je l'atteins? »

— « Pour te faire savoir, dit-elle, que l'école
Où tu pris jusqu'ici des leçons est frivole
Et n'est pas au niveau de mon verbe immortel ;

Que, de ma voie où Dieu fait briller sa lumière
Votre voie est distante autant que de la terre
Le globe le plus haut qui tourne dans le Ciel (7)! »

Sur quoi je répartis : « Je n'ai pas souvenance
De m'être oncque écarté de vous. Ma conscience
Ne m'en fait ressentir ni regret ni remords. »

— « C'est que tu ne peux pas t'en souvenir, dit-elle,
Souriant ; songe donc, ajouta l'immortelle,
Que tu viens au Léthé de tremper tout ton corps.

E se dal fummo fuoco s'argomenta,
Cotesta oblivïon chiaro conchiude,
Colpa nella tua voglia altrove attenta.

Veramente ora mai saranno nude
Le mie parole, quanto converrassi
Quelle scovrire alla tua vista rude.

È più corrusco, e con più lenti passi
Teneva 'l Sole il cerchio di merigge,
Che qua e là, come gli aspetti, fassi,

Quando s'affisser, sì come s'affigge
Chi va dinanzi a schiera per iscorta,
Se truova novitate in sue vestigge,

Le sette donne al fin d'un'ombra smorta,
Qual sotto foglie verdi e rami nigri,
Sovra suoi freddi rivi l'alpe porta.

Dinanzi ad esse Eufrates e Tigri
Veder mi parve uscir d'una fontana,
E quasi amici dipartirsi pigri.

O luce, o gloria della gente umana,
Che acqua è questa, che qui si dispiega
Da un principio, e sè da sè lontana?

Et si de la fumée on conclut à la flamme,
Cet oubli clairement démontre que ton âme
Avait été distraite ailleurs par le péché (8).

Mais désormais je veux, sans voile et sans nuage,
Jusques à ta portée abaisser mon langage,
Pour qu'à tes sens grossiers rien ne soit plus caché. »

Cependant le soleil dans sa marche plus lente
Avait déjà porté sa torche étincelante
Au midi qui varie en changeant de climat,

Lorsque, comme celui qui devant la phalange
S'avance en éclaireur, si quelque objet étrange
Vient à se présenter, soudain retient ses pas :

Les nymphes firent halte au bout d'un pâle ombrage,
Tel qu'aux Alpes, dessous un ténébreux feuillage,
Auprès de frais ruisseaux on en peut rencontrer.

Et devant je crus voir jaillir de même source
Et l'Euphrate et le Tigre, et commencer leur course
Ainsi que des amis lents à se séparer.

« O toi, gloire et flambeau de notre race humaine (9)!
Quelle est cette eau qui sort d'une même fontaine
Et qu'on voit de soi-même après se diviser ? »

Per cotal prego detto mi fu : Prega
Matelda, che 1 ti dica: e qui rispose,
Come fa chi da colpa si dislega,

La bella donna : Questo, ed altre cose
Dette li son per me : e son sicura
Che l' acqua di Leteo non gliel nascose.

E Beatrice : Forse maggior cura,
Che spesse volte la memoria priva,
Fatto ha la mente sua negli occhi oscura.

Ma vedi Eunoè, che là deriva :
Menalo ad esso, e come tu se' usa,
La tramortita sua virtù ravviva.

Com' anima gentil, che non fa scusa,
Ma fa sua voglia della voglia altrui,
Tosto com' è per segno fuor dischiusa :

Così poi che da essa preso fui,
La bella donna mossesi, ed a Stazio
Donnescamente disse : Vien con lui.

S' io avessi, Lettor, più lungo spazio
Da scrivere, io pur cantere' 'n parte
Lo dolce ber, che mai non m' avria sazio.

A cette question, Béatrice réplique :

« Interroge Mathilde et qu'elle te l'explique ! »

Lors du ton de quelqu'un qui cherche à s'excuser :

« Par moi, fit aussitôt la belle créature,

Déjà tout lui fut dit ; ces choses, j'en suis sûre,

L'eau du Léthé n'a pu les effacer en lui.

Et Béatrix : « Souvent dans notre intelligence

Un soin plus important ravit la souvenance

Et peut-être a troublé son esprit aujourd'hui (10).

Mais voilà l'Eunoë qui détourne ses ondes.

Va-s et, comme tu sais, dedans ses eaux profondes

Ravive-lui le cœur, car il va défaillir. »

Ainsi que, sans chercher d'excuse, une âme digne

Court au premier appel et même au premier signe,

Et du désir d'autrui fait son propre désir,

La belle dame ainsi prend ma main et m'entraîne ;

Et gracieuse, avec un air de souveraine,

Dit à Stace : « De toi qu'il soit accompagné ! »

S'il me restait du temps, lecteur, sur cette page

J'aimerais à chanter un peu le doux breuvage

Dont je n'aurais jamais été rassasié.

Ma perchè piene son tutte le carte,
Ordite a questa Cantica seconda,
Non mi lascia più ir lo fren dell' arte.

Io ritornai dalla santissim' onda
Rifatto sì, come piante novelle
Rinnovellate di novella fronda,

Puro e disposto a salire alle stelle.

FINE DEL PURGATORIO.

Mais j'ai déjà rempli les feuillets du poëme,

De cette Cantica que j'écris, la deuxième;

Le frein de l'art m'arrête et me cloue en ce lieu.

De l'eau sacrée, ainsi qu'à la saison nouvelle

Un arbre rajeuni sur sa tige plus belle,

Je sortis nouvel homme, épuré comme au feu,

Et dispos à monter aux étoiles de Dieu.

FIN DU PURGATOIRE.

NOTES DU CHANT XXXIII.

(1) Les sept nymphes (les vertus théologales et cardinales) qui entourent Béatrice psalmodient un hymne de douleur à la suite de l'affreux spectacle qui vient d'avoir lieu : *Deus, venerunt gentes in hæreditatem tuam, polluerunt templum...* Dieu, les nations sont venues fondre sur ton héritage, elles ont souillé ton temple (Psaume LXVIII). Ainsi viennent d'être souillés et saccagés le char de l'Église et l'Arbre de Vérité.

(2) Consolation de Jésus-Christ aux apôtres, en leur annonçant sa mort et sa résurrection : « *Dans peu de temps vous ne me verrez plus, encore un peu de temps, et vous me reverrez.* » Le géant a emporté le char avec la prostituée. Philippe-le-Bel a transporté à Avignon le siége souillé de l'Église et la papauté prostituée dans la personne de Clément V. Mais bientôt le siége pontifical sera rétabli, et l'Église souffrante ressuscitera. Tel est le sens du latin de Béatrice.

(3) Mathilde et Stace, qui n'a pas quitté Dante et qui poursuit sa route vers le Paradis.

(4) Allusion à un préjugé populaire du temps suivant lequel un meurtrier qui mangeait une soupe sur la tombe de sa victime, était à l'abri de la vengeance.

(5) Ce nombre, en chiffres romains, figure le mot DVX, ou *dux*, chef. Mais quel est ce chef? Les uns désignent Henri VII, d'autres Can-le-Grand de Vérone. Béatrice se fait obscure comme l'Apocalypse.

(6) Les Naïades s'étant permis d'interpréter les oracles de Thénis, cette déesse envoya un sanglier qui ravagea les environs de Thèbes.

(7) Béatrice veut marquer la différence qui sépare la philosophie de la théologie.

(8) Car le Léthé ne donne que l'oubli du péché.

(9) Cette apostrophe est bien une preuve que Dante parle à une Béatrice transfigurée et allégorique, et double en quelque sorte. C'est moins à la femme aimée qu'à la théologie qu'il parle ici. La faculté théologique, l'adoration, est en effet un trait distinctif et la gloire de la nature humaine.

(10) La vue de Béatrice, ses reproches, le spectacle auquel il a assisté, il y a bien eu pour Dante de quoi se troubler.

TABLE DES ARGUMENTS.

Pages

CHANT XVIII. — Virgile continue ses explications sur l'amour et montre à Dante la responsabilité de l'homme dérivant de sa liberté. Rencontre des âmes qui courent dans le cercle, rachetant par une ferveur et un zèle extrême leur tiédeur et leur indolence passées. Deux d'entre elles courent en avant de la bande et l'exhortent en lui rappelant de grands exemples de zèle ; deux autres ferment la marche et aiguillonnent les traînards en leur montrant par des exemples les tristes fruits de la paresse dans le bien. Dante s'abandonne à la rêverie et finit par s'endormir 1

CHANT XIX. — Vision du Dante. Il voit en songe deux femmes : l'une, sirène trompeuse, représente les faux biens de la terre, dont l'amour se pleure dans les trois cercles supérieurs du Purgatoire où Dante va entrer ; l'autre personnifie les vrais biens : la vérité et la vertu. Introduction des voyageurs dans le cinquième cercle, où les avares gisent prosternés contre terre, expiant leur péché dans la poussière et les larmes. Rencontre du pape Adrien V...................................... 19

CHANT XX. — Après avoir quitté le pape Adrien, les deux poëtes entendent la voix d'une ombre qui rappelle en soupirant des exemples de pauvreté volontaire et de générosité. Cette ombre est Hugues-le-Grand, père de

Hugues Capet. Il raconte aux voyageurs les crimes de son avide postérité, qu'il maudit pour ce qu'elle a envahi l'Italie. Il leur apprend que tous ses compagnons d'expiation dans ce cercle de l'avarice évoquent comme lui pendant le jour des exemples de désintéressement ; la nuit ils s'entretiennent avec indignation des grands crimes commis par avarice. Un tremblement de terre agite la montagne ; à ce bruit, toutes les âmes, au grand étonnement de Dante, répondent par un cri de triomphe.. 37

Chant XXI. — Dante voit apparaître l'ombre de Stace qui, après avoir accompli sa purification, monte vers le Paradis. Il apprend de lui la cause du tremblement de la montagne et du cri de joie poussé par les âmes des pécheurs. Ce tremblement et ce cri triomphal ont lieu chaque fois qu'une âme est purifiée et quitte le Purgatoire pour le Ciel. Le poëte de la *Thébaïde* tombe aux pieds de Virgile 55

Chant XXII. — Dante et Virgile, et Stace avec eux, montent ensemble au sixième cercle où s'expie le péché de la gourmandise Stace raconte comment il devint chrétien sous l'influence des vers prophétiques de Virgile et par la fréquentation des martyrs. Un arbre mystérieux se présente au milieu du chemin et interrompt l'entretien des poëtes. L'arbre est chargé de fruits doux et odorants. Une eau fraîche jaillit sur ses branches, à travers lesquelles une voix se fait entendre qui défend de toucher aux fruits de l'arbre et oppose à la gourmandise des exemples de frugalité.................. 71

Chant XXIII. — Les voyageurs sont joints en route par une grande procession d'ombres hâves de gourmands qui psalmodient des psaumes en pleurant, et se sanctifient dans la faim et dans la soif. Dante reconnaît son ami et compatriote Forèse. Celui-ci dit qu'il doit à la vertu et aux prières de Nella, sa femme, d'avoir été admis au Purgatoire sans passer par les lieux d'attente, où les âmes, dont le repentir fut tardif, demeurent, avant d'entrer dans les cercles purificateurs, un temps égal à celui de leur vie. Il s'élève avec véhémence contre les vices et l'impudicité des dames de Florence. Dante se découvre à son ami et lui désigne son guide Virgile et son nouveau compagnon Stace........................... 89

CHANT XXIV. — Forèse indique à Dante divers pénitents, comme lui dans le cercle de la gourmandise, entre autres Buonagiunta, rimeur Lucquois, avec qui Dante s'entretient quelques instants de style et de poésie. Un nouvel arbre s'offre aux voyageurs. Une foule l'entoure et tend vers les branches chargées de fruits, des mains impuissantes. Une voix sort de l'arbre et éloigne les âmes en leur rappelant, par des exemples, les funestes effets du péché de la bouche. Un ange éblouissant efface encore un stygmate de péché sur le front du Dante..... 105

CHANT XXV. — Tout en montant dans le septième et dernier cercle, celui où s'expient dans le feu les faiblesses de la chair, Dante, préoccupé de ce qu'il vient de voir, demande des explications à Virgile, qui charge Stace de les lui donner. Théorie physique et métaphysique de la génération, du développement successif de l'âme humaine et de sa transformation après la mort. Dans le dernier cercle où les poëtes sont parvenus, des flammes ardentes s'élèvent de toutes parts ; à peine entre elles et le bord du précipice peuvent-ils trouver un passage. Les voix des luxurieux chantent, pour se mortifier au sein des flammes, l'éloge de la chasteté et rappellent d'anciens exemples de cette vertu......................... 123

CHANT XXVI. — En poursuivant sa route à travers le septième cercle, Dante aperçoit une autre bande de luxurieux : sodomites et autres qui s'entre-baisent en se rencontrant dans les flammes. Guido Guinicelli, poëte bolonais, se nomme à Dante et lui montre Arnaut Daniel, poëte provençal, qui, interrogé par Dante, lui répond en vers provençaux... 139

TABLE DES ARGUMENTS.

Chant XXVII. — Pour aller plus loin, Dante est obligé de traverser les flammes. Virgile l'encourage en lui assurant que ce feu purificateur est le seul obstacle qui le sépare de Béatrice. Guidés par une voix, Dante, Virgile et Stace sortent de la fournaise et gravissent au coucher du soleil un escalier raide sur les degrés duquel ils finissent par se coucher et s'endormir. Vision du Dante. A son réveil, Virgile, sans encore le quitter, lui annonce qu'il n'a plus besoin d'être guidé.................................. 157

Chant XXVIII. — Dante s'aventure sous les ombrages enchanteurs du Paradis terrestre. Un fleuve limpide l'arrête. Du bord, il aperçoit, sur la rive opposée, une belle jeune femme (Mathilde) qui chante en cueillant des fleurs. A la prière du poëte, elle s'approche, lui explique les merveilles de l'Éden et éclaircit quelques-uns de ses doutes... 175

Chant XXIX. — Mathilde s'avance le long du fleuve. Dante la suit du bord opposé. Une douce harmonie se répand dans l'air. Des voix chantent Hosannah! Dante, averti par Mathilde, s'apprête à contempler un prodigieux spectacle. Il voit sept candélabres étincelants marchant devant vingt-quatre vieillards vêtus de blanc et couronnés de lis. Après eux quatre animaux la tête ceinte de feuilles vertes et ayant chacun six ailes. Puis un char de triomphe traîné par un griffon. A la droite du char dansent trois dames portant différentes couleurs. A la gauche, quatre autres habillées de pourpre. Sept autres vieillards, vêtus comme les premiers, ferment la marche. Au signal d'un coup de tonnerre, tout le cortége s'arrête. 193

Chant XXX. — Apparition de Béatrice. Des anges chantant et répandant des fleurs à pleines mains se lèvent au-dessus du char qui vient de s'arrêter. Au milieu de ce nuage de fleurs, Béatrice se montre enfin. Dante la reconnaît à l'émotion qu'il éprouve. Virgile disparaît. Paroles sévères de Béatrice, qui reproche à Dante ses égarements.. 211

288 TABLE DES ARGUMENTS.

Pages.

CHANT XXXI. — Béatrice continue ses reproches. Dante l'écoute accablé et muet. Il lève les yeux vers elle, et la voit resplendissante, tournée vers le Griffon (Jésus-Christ) dont la double nature, divine et humaine, se réfléchit dans ses yeux. Il succombe à l'émotion. Mathilde le plonge alors dans le Léthé. Puis les belles danseuses (les vertus cardinales et théologales) qui entourent le char apocalyptique conduisent le poëte purifié vers Béatrice. Il la contemple sous son voile, dans toute la splendeur de sa beauté transfigurée......... 229

CHANT XXXII. — Après s'être abîmé dans la contemplation de Béatrice, Dante voit les vieillards, le Griffon, le char, tout le cortége qui se met en marche. Il suit la procession avec Mathilde et Stace. Le cortége s'arrête auprès de l'arbre de vie. Le Griffon (l'Homme-Dieu) attache le char à l'arbre, et l'arbre dépouillé reverdit. Mais bientôt se déroule toute une vision terrible. Un aigle fond sur l'arbre sacré. Le char (symbole de l'Église) est défiguré, dévasté et souillé par des monstres et emporté enfin par un géant...................... 247

CHANT XXXIII. — Béatrice avec son escorte se met en marche. Dante l'accompagne. Prédictions allégoriques de Béatrice sur le rétablissement du char (l'Église) si monstrueusement défiguré et sur le châtiment réservé aux coupables. Dante est ensuite plongé par Mathilde dans les eaux délicieuses de l'Eunoë qui rend le souvenir du bien qu'on a fait. Il en sort tout renouvelé et dispos à monter au Paradis. Fin de la seconde Cantica. 265